Mirjam Daum

Wortschatz und Lehrbuch

Ein Kriterienkatalog für die Wortschatzkonzeption in Lateinlehrwerken

Ars Didactica

Marburger Beiträge zu Studium und Didaktik der Alten Sprachen

herausgegeben von

Boris Dunsch
Magnus Frisch
Hans-Joachim Glücklich
Rainer Nickel
Felix M. Prokoph

Band 2

Mirjam Daum

Wortschatz und Lehrbuch

Ein Kriterienkatalog für die Wortschatzkonzeption in Lateinlehrwerken

Kartoffeldruck-Verlag Kai Brodersen

Speyer 2016

Bibliografische Information der Deutschen Nationalbibliothek:
Die Deutsche Nationalbibliothek verzeichnet diese Publikation in der Deutschen Nationalbibliografie; detaillierte bibliografische Daten sind im Internet über http://dnb.dnb.de abrufbar.

Umschlaggestaltung: M. Frisch
Titelbild: Die Philosophie thront inmitten der Sieben Freien Künste. Darstellung aus dem *Hortus Deliciarum* (um 1180) der Herrad von Landsberg
Quelle: Wikimedia Commons
(https://commons.wikimedia.org/wiki/File%3AHortus_Deliciarum%2C_Die_Philosophie_mit_den_sieben_freien_K%C3%BCnsten.JPG)
[von Dnalor_01; gemeinfrei nach Lizenz CC-BY-SA 3.0]

verantwortlicher Herausgeber für diesen Band: Magnus Frisch

Der Kartoffeldruck-Verlag (den Namen verdankt er einem Vorschlag von Prof. Dr. Niklas Holzberg) publiziert zum reinen Selbstkostenpreis Bücher, die in jeder Buchhandlung bestellt werden können – insbesondere für Expertinnen und Experten in Altertumswissenschaft und Schule.

2016

www.kartoffeldruck-verlag.de
ISBN 978-3-939526-28-5

Inhaltsverzeichnis

Vorwort

Es ist leider eine alltägliche Beobachtung im Lateinunterricht, dass der Übersetzungsprozess oftmals an mangelnden Wortschatzkenntnissen scheitert. Manchmal kommt es sogar zu Szenarien, in denen fast jedes Wort nachgeschlagen oder erfragt werden muss und der eigentliche Kernpunkt, der Inhalt der Übersetzung, in den Hintergrund rückt. Es ist keine Überraschung, dass auf diese Weise die Motivation der Schüler und Schülerinnen gemindert wird. Als Lehrpersonen müssen wir uns nun fragen, warum gerade der Bereich des Wortschatzes so viele Probleme bereitet. Liegt der Fehler etwa bei unseren Vermittlungsstrategien? In den modernen Fremdsprachen scheint dieser Bereich nicht so problematisch zu sein. Hat es also etwas mit der rezeptiven Vorgehensweise des Lateinunterrichts zu tun? Oder vielleicht auch damit, dass dem Wortschatz in der Praxis leider häufig immer noch zu wenig Raum zugestanden wird?

Sowohl als Lateinschülerin als auch im Rahmen meines Lehramtsstudiums bin ich oft über das Wortschatz-Problem gestolpert. Aus diesem Grund wollte ich meine erste Staatsexamensarbeit als Anlass zu einer Untersuchung nehmen, wie eine bessere Wortschatzvermittlung aussehen kann – und was womöglich an der jetzigen Unterrichtspraxis geändert werden muss. Da die Lehrwerke im Anfangsunterricht häufig die Basis der Wortschatzvermittlung darstellen, sollten sie im Fokus meiner Untersuchungen stehen. Damit die Ergebnisse auch anwendbar und übersichtlich sind, entwickelte sich der Gedanke, einen Kriterienkatalog zu erstellen. Ein solcher Katalog sollte knapp und überschaubar sein, um als schnelle Orientierung dienen zu können, welche Bereiche der Wortschatzvermittlung durch das Lehrwerk vernachlässigt und von der Lehrperson aufgefangen werden müssen. Bisher hat es – trotz bereits vorliegender Untersuchungen zu angemessener Wortschatzarbeit im Lateinunterricht – noch keinen derartigen Katalog gegeben, der eine Übersicht und Einschätzung erleichtert, ohne dass ein vertieftes Einlesen in Fachliteratur nötig ist. Nach Fertigstellung meiner Examensarbeit lag schließlich ein Katalog mit 29 Kriterien vor, wobei sich diese Kriterien auf verschiedene Aspekte der Wortschatzvermittlung beziehen wie etwa die Präsentation der Wörter, morphosyntaktische Aspekte oder Wortschatzübungen. Damit auch andere Lehrpersonen und Studierende von diesem Katalog profitieren können, entstand die Idee, die Arbeit zu veröffentlichen. An dieser Stelle gilt mein besonderer Dank Magnus Frisch und Felix M. Prokoph, durch deren Unterstützung und Einsatz diese Veröffentlichung erst ermöglicht worden ist. Auch bei Boris Dunsch möchte ich mich für die hilfreichen Anmerkungen herzlich bedanken sowie bei Franziska Burkhardt und Peer Herholz für so manch ertragreiche Diskussion.

Es ist zu hoffen, dass dieser Katalog in der Unterrichtspraxis Anwendung findet und vielleicht einige Lehrpersonen oder Lehramtsstudenten dazu bringt, die bisherigen Vorgehensweisen der Wortschatzvermittlung zu überdenken und neue Anregungen und Vermittlungsstrategien in den Lateinunterricht einzubringen.

Marburg, im März 2016 Mirjam Daum

Einleitung

Quod quia vulgò in Scholis negligitur, discipulisque discenda objiciuntur, nec intellecta, nec sensibus rectè praesentata, sit, ut docendi & discendi labor molestè procedat, exiguumque ferat fructum.[1]

Diese Worte des Theologen und Pädagogen Johann Amos Comenius (1592–1670) zeigen, dass schon er das mechanische, unreflektierte Einprägen isolierter Wörter als eine ineffektive Methode des Behaltens und Erinnerns beim Erlernen einer Sprache erkannte. Mit seinem enzyklopädischen Werk *Orbis sensualium pictus* schuf er durch die didaktisch wirkungsvolle Verbindung von Text und Bild ein anschauliches Lehrbuch für lateinische Wörter und deren Übersetzungen. Obgleich bereits hier eine grundlegende Anschauung der modernen Lerntheorien vorlag, die besonders im Rahmen der kognitiven Wende[2] Einfluss auf die Didaktik ausübte, scheint die Wortschatzarbeit heute in vielen Lehrbüchern für den Lateinunterricht durch eine Reduzierung auf die Präsentation bloßer Wortlisten in didaktischer Hinsicht unreflektiert.

Die Zielsetzung[3] des modernen Lateinunterrichts, welche vor allem die Übersetzung antiker Texte beinhaltet und damit nicht zuletzt zu einem kulturellen Identitätsbewusstsein sowie zu einem Verständnis unserer modernen Normen und Werte beitragen möchte, schließt die Kommunikation von vornherein aus, wodurch dem Wortschatz eine vornehmlich rezeptive Rolle zukommt, die sich oftmals auch in den Vermittlungsmethoden niederschlägt. Hinsichtlich der genannten Zielsetzung erscheint diese Reduzierung zunächst sinnvoll, darf aber nicht übergehen, dass der semantische Aspekt beim Übersetzungsvorgang eine dominierende

[1] Comenius (1958) [1685], S. 5.

[2] Zur kognitiven Wende und dem damit einhergehenden kognitiven Lernbegriff siehe Abschnitt 2.1.

[3] Eine ausführliche Darstellung dieser Ziele findet sich in Kapitel 1.

Rolle spielt und die Wortschatzarbeit als Basis der Übersetzungskompetenz betrachtet werden muss. Daher sollte über einen sinnvollen Kompromiss diskutiert werden, der sich zwar nach wie vor am Textverständnis als Zielsetzung orientiert, gleichzeitig aber eine Wortschatzarbeit fordert, die sich den naturgegebenen Voraussetzungen des Gedächtnisses anpasst.

Da das Lehrbuch im Anfangsunterricht als Ausgangsbasis dient und die Lehrperson sowohl inhaltlich als auch das Pensum des Wortschatzes betreffend an dieses gebunden ist, soll im Zuge der Untersuchung ein umfassender Einblick in die Erkenntnisse der Lern- und Gedächtnispsychologie sowie der Kognitionswissenschaften hinsichtlich der Speicherung von Wortschatz und der mentalen Vorgänge im Zuge der Textrezeption gegeben werden. Dieser Einblick gipfelt schließlich in der Aufstellung eines Kriterienkatalogs, welcher die Wortschatzarbeit im Lehrwerk kritisch hinterfragt. Besonders in der Anfangsphase werden die Grundsteine des Wortschatzes und somit auch des Textverständnisses gelegt, sodass vor allem hier eine durchdachte Methodik Anwendung finden muss. Der Katalog möchte basierend auf den Erkenntnissen der genannten Disziplinen aufzeigen, welche Voraussetzungen ein Lehrwerk in Hinblick auf den Kompromiss zwischen Zielsetzung und gehirngerechter Wortschatzarbeit bieten sollte. Diese Erkenntnisse sind bislang allerdings vornehmlich im Rahmen des Erwerbs der Muttersprache oder moderner Fremdsprachen erhoben und reflektiert worden, sodass sie die produktiven Prozesse oder zumindest den Wechsel von Sprachproduktion und -rezeption als Grundlage nehmen. Folglich muss eine Betrachtung darüber stattfinden, welche Teile dieser Erkenntnisse für eine weitestgehend rezeptive Auseinandersetzung mit Sprache relevant sind.

Ziel des Katalogs stellt vor allem die Unterstützung der Lehrpersonen dabei dar, einen Überblick über die in das jeweilige Lehrbuch integrierte Wortschatzarbeit zu erhalten und zu beurteilen, in welchen Bereichen Mängel bestehen und Ergänzungen durch eigene Aktivität im Unterricht erforderlich sind. Die vorliegende Untersuchung konzentriert sich dabei weniger auf konkrete Methoden der Wortschatzarbeit als primär auf die Schaffung eines grundlegenden Verständnisses für das Wesen der mentalen Wortspeicherung und Verarbeitung und die daraus resultierenden Konsequenzen für einen effektiven Unterricht, sodass der Lehrer oder die Lehrerin[4] selbst darauf aufbauend mit entsprechenden Methoden reagieren kann. Der Katalog strebt einen ganzheitlichen Überblick über die Wortschatzkonzeption in den Lehrwerken an, beginnend bei der Präsentation der Vokabeln bis hin zu deren Wiederholung und Auftreten in den Übersetzungstexten. Die Abhandlung beschränkt sich nicht auf eine bestimmte Klassenstufe, da die psychologischen Grundvoraussetzungen des Wortschatzerwerbs in der Sekundarstufe I und II weitestgehend dieselben sind. Anzumerken ist jedoch in diesem Zusammenhang, dass der Fokus auf der Lehrbuchphase und nicht auf der Lektürephase liegt.

Das erste Kapitel schafft zunächst einen allgemeinen Überblick über die Begriffe „Wort" und „Wortschatz" und führt eine Zusammenfassung der curricularen Anforderungen verschiedener deutscher Bundesländer an die Wortschatzarbeit auf.

Im zweiten Kapitel findet eine ausführliche Auseinandersetzung mit der Speicherung und Organisation von Wörtern im menschlichen Gedächtnis statt. Nach Festlegung des kognitiven und konstruktivistischen Lernbegriffs als Ausgangsbasis soll auf Grundlage des Mehrspeichermodells und des Mehrebenenansatzes ein Verständnis für die Kodierung und Speicherung eingehender Informationen im Gedächtnis geschaffen werden. In diesem Rahmen finden auch Kodierungshilfen und Theorien des Vergessens Erwähnung. Anschließend wird im Kontext des mentalen Lexikons präziser thematisiert, wie diese gespeicherten Informationen angeordnet sind, auf welche Weise ihre Relationen abgebildet werden können und wie der Informationsabruf vorzustellen ist. Um den semantischen Inhalt eines Wortes und seine Speicherung im menschlichen Gedächtnis zu erfassen, werden die mentalen Konzepte ausführlich behandelt und mit ihnen die Problematik der deutschen Bedeutungsangaben lateinischer Wörter. Auch der Zusammenschluss verschiedener Konzepte zu komplexen Handlungs-

4 Im Folgenden unter Verwendung des generischen Maskulinums aufgeführt. Gleiches gilt für „Schüler und Schülerinnen", „Lerner und Lernerin", sowie „Sprecher und Sprecherin" und ähnliche Bezeichnungen.

schemata wird hier erklärt. Nach diesen wichtigen Vorbetrachtungen findet die eigentliche Darstellung mentaler Wissensnetzwerke statt, wobei von der *Spreading-Activation*-Theorie ausgegangen wird. Da diese ihr Vorbild in der neuronalen Informationsverarbeitung hat, wird zunächst diese thematisiert, im Anschluss daran werden die Verarbeitung und die Zusammenhänge semantischer Informationen dargelegt. Hieran schließen Überlegungen bezüglich des Aufbaus eines mehrsprachigen mentalen Lexikons an, besonders in Hinblick auf einen rezeptiven Erwerb. Abgeschlossen wird das zweite Kapitel mit einem Exkurs in die Sprachproduktion aus Sicht der Neurobiologie, welcher zeigen soll, dass die Generierung von Sprache auch im Rahmen eines Sprachunterrichts mit rezeptiver Zielsetzung für die Verankerung von Wörtern im Gedächtnis eine wichtige Rolle spielt.

Im dritten Kapitel findet eine Beschäftigung mit der Rolle des Wortschatzes hinsichtlich der im Lateinunterricht angestrebten Textrezeption statt. Nach einführenden Überlegungen bezüglich der Übersetzung im schulischen Kontext werden sowohl Satz- und Textrezeption als auch das damit verbundene Zusammenspiel von Wortschatz und Grammatik sowie die daraus resultierenden Konsequenzen für die Vermittlung der verschiedenen Wortarten veranschaulicht.

Das vierte Kapitel schließlich enthält den eigentlichen Kriterienkatalog, der basierend auf den vorangehenden Kapiteln Erwartungen an die Lehrwerke formuliert, durch welche die lernpsychologischen Anforderungen an die Wortschatzarbeit im Lateinunterricht in idealer Weise umgesetzt werden. Ein abschließendes Fazit reflektiert zuletzt die Überlegungen des Katalogs in Hinblick auf die konkrete Realisierung in den Lehrwerken.

1 Ziele der Wortschatzarbeit im Lateinunterricht

1.1 Wort, Wortschatz, Vokabel? – ein Definitionsversuch

Die oftmals vage Verwendung des Begriffs „Wortschatz" zeigt eine Problematik auf, die auch in der Praxis der Wortvermittlung Schwierigkeiten bereiten kann, nämlich die Differenz zwischen schriftlichem oder lautlichem Ausdruck und Referenzobjekt.[5] So bezeichnet Andrea Ender beispielsweise den Wortschatz als Summe aller Wörter, die einer Person zum Verstehen und zur Kommunikation zur Verfügung stehen, wobei sie die Wörter aller vom Individuum beherrschten Sprachen in ihre Definition miteinbezieht.[6] Konrad Raab dagegen stellt den Wortschatz als die Summe der lateinischen Vokabeln dar, die ein Schüler lernen und beherrschen muss, um Originaltexte lesen und verstehen zu können.[7] Die Gegensätzlichkeit dieser beiden Definitionen hat sowohl abgrenzenden als auch perspektivischen Charakter. Während Raab den Wortschatz zielsprachenspezifisch[8] betrachtet, legt Ender eine holistische Charakterisierung vor, die alle beherrschten Sprachen betrifft. Überdies geht sie mit ihrer Definition vom Subjekt aus und rekurriert so auf die Wörter, welche dieses tatsächlich beherrscht, derweil Raab das Pensum beschreibt, das von außen an das Subjekt herangetragen wird. In Hinblick auf den verstärkten subjektiven Fokus in der Didaktik wird der Begriff des Wortschatzes meist im perspektivischen Sinne Enders gebraucht. Im Zuge meiner Ausfüh-

---

5 Eine ausführliche Darstellung der Problematik beider Begriffe findet sich in Abschnitt 2.2.4.1.

6 Vgl. Ender (2007), S. 63.

7 Vgl. Raab (1979), S. 241.

8 Die vorliegende Untersuchung geht von der Zielsprache Latein und der Ausgangssprache Deutsch aus, auch im Rahmen der Übersetzung, da das Ziel des Lateinunterrichts die Beherrschung der lateinischen Sprache darstellt, hier ausgehend von der deutschen.

rungen wird der Kontext dazu beitragen, zwischen lateinischem, muttersprachlichem[9] oder sprachübergreifendem Wortschatz zu unterscheiden, weshalb ich an dieser Stelle keine terminologische Differenzierung vornehme. Der zu vermittelnde Wortschatz im Sinne Raabs wird von mir im Folgenden als Lernwortschatz bezeichnet.

Die Abgrenzung des Lernwortschatzes wirft die schwerwiegende Frage auf, welche Wörter des gesamten lateinischen Wortkorpus im schulischen Rahmen überhaupt gelernt werden sollen. In Hinblick auf die Lektürefähigkeit sind Unternehmungen getätigt worden, die unter Zusammenstellung eines für die Schule relevanten Textkorpus statistisch ermitteln, welche Wörter am häufigsten auftreten und deren Beherrschung somit zu einer weitreichenden Abdeckung dieses Korpus beitragen kann.[10] Allerdings genügt diese statistische Vorgehensweise angesichts der Ziele des Lateinunterrichts, die im folgenden Kapitel genannt werden, nicht, da die als häufig vorkommend ermittelten Wörter laut Raab alleine oftmals keine Basis für kindgemäße Texte in Lehrbüchern darstellen.[11] Überdies bemerkt er, dass das statistische Prinzip noch um ein kulturkundliches erweitert werden müsse, welches die nicht allzu häufigen lateinischen Wörter erfasst, die in der heutigen Sprache in irgendeiner Form von Lehn- oder Fremdwörtern vorliegen.[12] Da der Lernwortschatz durch das Lehrbuch vorgegeben ist und Grundlage für die darin enthaltenen Übersetzungstexte bildet, kann die Lehrperson lediglich Erweiterungen vornehmen, eine gänzliche Umstellung dagegen würde zwangsweise auch zu einer

---

9 Mit dem Begriff „Muttersprache" beziehe ich mich in der Regel auf die deutsche Sprache. Allerdings kann es vorkommen, dass einige hier getätigte Äußerungen nicht in Gänze gelten, wenn ein Schüler eine andere Muttersprache hat.

10 An dieser Stelle sei das vom Buchner-Verlag in Bamberg finanzierte Projekt „Bamberger Wortschatz" genannt, welches ein für die Lektüre relevantes Textkorpus zusammenstellte und daraus 1248 Lemmata herausfilterte, mit denen rechnerisch etwa 83% des Gesamtkorpus erschließbar sind. [Vgl. Utz (2000), S. 147f.]

11 Vgl. Raab (1979), S. 243.

12 Vgl. a.a.O., S. 244. Weitere Ausführungen zur Abgrenzung des Lernwortschatzes finden sich bei Steinthal (1971) und Freund / Schröttel (2003).

Neukonzeption der Lesestücke führen und zu viel Zeit beanspruchen. Aus diesem Grund findet das vom Lehrbuch vorgeschlagene Wortkorpus im Kriterienkatalog keine Beachtung.[13]

Der vom Subjekt beherrschte Wortschatz kann in drei Bereiche gegliedert werden, die den aktiven, den passiven und den potenziellen Wortschatz umfassen. Mit dem aktiven Wortschatz sind die Wörter gemeint, die das Subjekt in einer produktiven Situation wie Sprechen oder Schreiben verwenden kann. Als passiven Wortschatz bezeichnet man die Wörter, die das Subjekt in einer rezeptiven Situation wie Hören oder Lesen verstehen kann, sodass er oftmals durch Hilfestellungen in Form von Kontexthinweisen größer ist als der aktive.[14] Der potenzielle Wortschatz umfasst alle Wörter, die zwar nicht gelernt wurden, jedoch aufgrund von Derivations- und Kompositionsprozessen vom Subjekt erschließbar sind. Da die Sprachproduktion im Lateinunterricht weitestgehend entfällt, sind vor allem der passive und der potenzielle Wortschatz von Bedeutung. Letzterer besitzt in Bezug auf die lateinische Sprache einen größeren Umfang als in den modernen Fremdsprachen wie Englisch oder Französisch, da sich Derivationen im Lateinischen als weitaus häufiger und transparenter erweisen.[15]

Auch wenn somit ein Überblick über die möglichen Auslegungen des Begriffs „Wortschatz" gegeben ist, wurden die Begriffe „Wort" und „Vokabel" bisher undifferenziert benutzt. Die „Voka-

---

13 Ausgenommen sind konzeptionelle Lücken, welche die Bildung mentaler Zusammenhänge beeinträchtigen.

14 Wolfgang Börner ist der Ansicht, dass beim rezeptiven und produktiven Wortschatz keine getrennten Wissensbereiche vorliegen, sondern es sich um Wissen handelt, auf das mit mehr oder weniger Aufwand zurückgegriffen wird. Während bei der Rezeption der Kontext Hinweise liefert, muss die Produktion ohne diese auskommen, sodass der Prozess der Rezeption oftmals sicherer verläuft und der passive Wortschatz größer erscheint als der aktive. [Vgl. Börner (2000), S. 39f.] Diese Differenz wird jedoch im Zuge der fortschreitenden aktiven Sprachbeherrschung ausgeglichen, sodass aktiver und passiver Wortschatz eines kompetenten Sprachlerners sich allmählich annähern. [Vgl. Melka (1997), S. 92f.] Da die Sprachproduktion im Lateinunterricht jedoch, wenn überhaupt, nur in begrenzter Form betrieben wird, bleibt eine weitaus größere Differenz zwischen aktivem und passivem Wortschatz bestehen als in den modernen Fremdsprachen.

15 Vgl. Kuhlmann (2009), S. 56.

bel" wird in der Regel mit einer Einheit aus dem fremdsprachlichen Lernwortschatz gleichgesetzt, wobei ihr oftmals ein schulischer Aspekt anhaftet.[16] Um den Begriff „Wort" zu definieren, existieren in der Sprachwissenschaft unterschiedliche Ansätze wie etwa der formal-orthografische, der phonetisch-phonologische, der semantische oder der grammatikalische.[17] Während ersterer das Wort als eine Buchstabenkette charakterisiert, die beispielsweise durch Leerzeichen oder Interpunktion abgegrenzt wird, und zweiter sich an Pausen und Wortakzenten orientiert, geht der semantische Ansatz vom Wort als selbstständigem Träger einer Bedeutung aus. Der grammatikalische Ansatz sieht das Wort als kleinste verschiebbare Einheit eines Satzes, dessen interne morphemische Struktur allerdings nicht geändert werden kann.[18] Diese beiden Kriterien der Mobilität und internen Stabilität müssen allerdings unabhängig voneinander betrachtet werden, da auch Wörter existieren, die nur innerhalb größerer Wortblöcke verschoben werden können. Ender weist darauf hin, dass sich dieser Ansatz für die meisten Sprachen als der zutreffendste bewährt hat.[19] Er mag ausreichen, um syntaktische Phänomene zu erklären, nicht aber, um das Wort aus der für die Wortschatzarbeit relevanten semantischen Sicht zu erfassen. Dies zeigen beispielsweise der lateinische Ausdruck *veniam dare* und eine seiner möglichen Übertragungen in das Deutsche, *verzeihen*. Beide Ausdrücke haben nur einen semantischen Sinn, der gelernt werden muss, bei ersterem liegen nach

---

16 In einer Studie zu der subjektiven Sicht von Fremdsprachenlernern auf den eigenen Wortschatzerwerb zeigte Annelie Knapp-Potthoff, dass der Begriff „Vokabel" meist mit einem schulischen Kontext assoziiert wird, während der Begriff „Wort" mit außerschulischen Sprachaneignungs- und Sprachverwendungssituationen in Bezug gesetzt wird. [Vgl. Knapp-Potthoff (2000), S. 295.]

17 Vgl. Ender (2007), S. 59ff.

18 Die unterschiedlichen Definitionsansätze sind hier sehr vereinfacht dargestellt. Für eine genauere Ausführung siehe Ender (2007), S. 59ff.

19 Vgl. a.a.O., S. 62. Überdies weisen die anderen Ansätze mehrere Probleme auf. Bei gesprochener Sprache ist oftmals die Worttrennung nur schwer erkennbar (man denke an das Italienische oder das Französische), antike römische Schriftstücke weisen oftmals keine Leerzeichen auf, es existieren kleine Wörter oder Partikel, denen nur schwer eine semantische Bedeutung zugewiesen werden kann, und „Wörter" können auch in einem Satz noch über ihre Bedeutung hinaus zerlegt werden („aufmachen" → „ich mache auf").

grammatikalischer Definition jedoch zwei Wörter vor. Dies ist ein Phänomen, das man auch intralingual beobachten kann, etwa bei den synonymen Begriffen *freisprechen* oder *Absolution erteilen*. Vor allem feste Redewendungen veranschaulichen, dass eine Bedeutung durch ein oder mehrere grammatikalisch definierte Wörter ausgedrückt werden kann. Um also der Benennung von semantischen Einheiten gerecht zu werden, die im mentalen Lexikon[20] vorliegen, hat man versucht, mithilfe einer Hybridform aus lexikalischem und semantischem Ansatz Abhilfe zu schaffen, indem man den Begriff der „lexikalischen Einheit" einführte. Diese lexikalische Einheit muss zum einen zumindest eine bedeutungstragende Komponente nach semantischen Gesichtspunkten aufweisen und zum anderen zumindest ein „Wort" nach grammatikalischer Definition sein.[21] Im weiteren Verlauf werde ich der Einfachheit halber weiterhin von „Wörtern" sprechen, beziehe mich dabei aber auf die Vorstellung, welche durch die „lexikalische Einheit" verkörpert wird.

Schließlich stellt sich noch die Frage, was es bedeutet, ein Wort „zu wissen". Paul Nation führt diesbezüglich verschiedene Anforderungen an, wobei er rezeptive und produktive unterscheidet. Die rezeptiven umfassen Faktoren wie Laut- und Schriftbild, grammatikalische Strukturen, in denen das entsprechende Wort vorkommen kann, mögliche Kollokationen oder mit ihm verbundene Assoziationen und Voraussagen hinsichtlich seines Auftretens.[22] Peter Kuhlmann hat überdies die Voraussetzungen des lateinischen Wortwissens für eine erfolgreiche Übersetzung in drei Punkten zusammengefasst: Erstens sind polyseme Vokabeln bei Mehrdeutigkeit im Text richtig zu übersetzen, zweitens sind sie auf die richtige Grundform zurückzuführen und drittens müssen Vokabeln mit dem richtigen kulturellen Schema verbunden werden.[23] Einige dieser Anforderungen bereiten den Schülern im Lateinunterricht sicherlich größere Probleme, so etwa die Konzeptionen, die sich hinter den lateinischen Wörtern verbergen, oder die Rolle, welche die

---

20 Zur näheren Definition des mentalen Lexikons siehe Abschnitt 2.2.4.

21 Vgl. Ender (2007), S. 62.

22 Vgl. Nation (1990), S. 31f.

23 Vgl. Kuhlmann (2012), S. 109.

Wortendungen in einer synthetischen Sprache wie Latein spielen und dem einzelnen Wort somit mehr Ausdruck verleihen, als es die Schüler von ihrer Muttersprache her gewohnt sind. Viele der angeführten Kriterien des Wortwissens werde ich im weiteren Verlauf noch näher erläutern oder ergänzen.

1.2 Curriculare Anforderungen

Betrachtet man die Lehrpläne und curricularen Anforderungen der verschiedenen deutschen Bundesländer hinsichtlich des Lateinunterrichts, so steht einheitlich die Vermittlung von Sprachkompetenz und soziokulturellen Fähigkeiten im Vordergrund.[24] Es herrscht Einigkeit darüber, dass der Lateinunterricht durch die Beschäftigung mit lateinischer Literatur in Originalsprache einen Zugang zu der Welt der Antike darstellt, die mit ihren Gedankengütern wie beispielsweise der Demokratie unser heutiges Europa maßgeblich beeinflusst. Durch die Aufdeckung der antiken Wurzeln wird ein Bewusstsein „europäischer Identität"[25] angestrebt und damit einhergehend eine kritische Auseinandersetzung mit gegenwärtigen Wertvorstellungen sowohl in Hinblick auf die Gesellschaft als auch auf die eigene Person.[26] Gleichzeitig soll die Behandlung einer scheinbar fremden und doch zugleich verbindenden Kultur zu einer allgemeinen Weltoffenheit und zu einem vorurteilsfreien Umgang mit fremden Kulturkreisen führen. Neben dieser Thematisierung kultureller Aspekte wird jedoch auch eine Auseinandersetzung mit sprachlichen Einflüssen im Unterricht gefordert. Infolge einer intensiven und kontrastiven Auseinandersetzung mit der lateinischen Sprache soll der Schüler nicht nur Sprachkompetenz im

---

24 Bei der Betrachtung habe ich mich vornehmlich auf die Lehrpläne für die Sekundarstufe I beschränkt, da hier die Lehrwerke benutzt und die Grundlagen des Wortwissens aufgebaut werden. Die Anforderungen an die Wortschatzarbeit gestalten sich in den Lehrplänen der verschiedenen Bundesländer überwiegend einheitlich, weswegen ich die wichtigen Punkte unter Verweis auf jeweils drei exemplarische Stellen aus verschiedenen Lehrplänen zusammenfasse.

25 KC NI 2011, S. 7.

26 Vgl. LP Latein HE 2010, S. 3; LP Latein SH 1997, S. 18 u. LP Latein BB 2008, S. 11.

Lateinischen entwickeln, sondern auch in den modernen Fremdsprachen sowie in der Muttersprache und sowohl interlinguale als auch intralinguale Reflexion tätigen.[27]

Hinsichtlich dieser Zielsetzungen kommen der Wortschatzarbeit zwei große Aufgabenbereiche zu: Zum einen muss sie die Schüler sprachlich dazu befähigen, die lateinischen Originaltexte erschließen und verstehen zu können, und zum anderen muss sie einen „Kulturwortschatz" im Sinne einer Brücke zu Fremd- und Lehnwörtern bieten. Diese Aufgabenbereiche werden in den curricularen Anforderungen weiter konkretisiert unter Aufteilung in methodische, morphosyntaktische, phonologische und semantische Aufgabenfelder. Das methodische Feld umfasst Hilfsmittel und Methoden, die zum Wortschatzerwerb und zur Wortschatzwiederholung vor allem mit Augenmerk auf die Selbstständigkeit der Schüler dienen, wie etwa die Vokabelkartei, Computerprogramme oder Mnemotechniken.[28] In Hinblick auf das morphosyntaktische Feld sollen die unterschiedlichen Wortarten erkannt werden sowie Bezüge zwischen Wort und Satzkonstruktion. Weiter wird die Vermittlung und Anwendung der Prinzipien der Wortbildung und Wortbildungsklassen gefordert, welche die Schüler dazu befähigt, unbekannte Wortbedeutungen aus bekannten Elementen zu erschließen und somit den potenziellen Wortschatz zu erweitern.[29] Das phonologische Feld beinhaltet die korrekte Aussprache und Betonung lateinischer Wörter.[30] In semantischer Hinsicht sollen die Konzepte und Grundvorstellungen der Römer zusammen mit den Wörtern erfasst und mit heutigen Vorstellungen kontrastiert werden. Weiterhin von Bedeutung ist auch die Vermittlung der Erkenntnis, dass Wörter einen weiteren Bedeutungsrahmen besitzen, als die gelernten Bedeutungen zunächst beinhalten, und eine eindeutige Bedeutungsbestimmung erst im Kontext stattfinden

[27] Vgl. BS Latein BW 2004, S. 160; KC NI 2011, S. 8 u. Fachprofil Latein BY 2011.

[28] Vgl. LP Latein Sachsen 2011, S. 18; LP Latein RP 2011, S. 24 u. LP Latein HE 2010, S. 17.

[29] Vgl. LP Latein Thüringen 2011, S. 23; LP Latein SH 1997, S. 20 u. Fachprofil Latein BY 2011.

[30] Vgl. LP Latein Saarland 2002, S. 21; LP Latein HE 2010, S. 14 u. LP Latein Sachsen 2011, S. 19.

kann.[31] Diesbezüglich wird im sächsischen Lehrplan beispielsweise explizit die Einführung neuer Wörter möglichst im Textzusammenhang gefordert.[32] Einen weiteren Aspekt des semantischen Aufgabenbereichs stellt die Bezugnahme auf Lehn- und fremdsprachliche Wörter dar, sodass eine Förderung etymologischer Kompetenzen und eine Sensibilisierung für Bedeutungswandel und Bedeutungsunterschied stattfinden können.[33] Um die etymologischen Zusammenhänge zu erkennen und das Vokabellernen zu erleichtern, wird in diesem Kontext weiterhin die Fähigkeit angestrebt, Wörter ihren Wortfamilien und semantischen Feldern zuzuordnen, zunächst innerhalb des Lateinischen und später mit Bezug auf weitere Sprachen. Die Einführung des Wörterbuchs während der Lektürephase stellt ebenfalls einen wichtigen Bereich der Wortschatzarbeit dar, wird jedoch im Folgenden nicht weiter betrachtet, da diese Arbeit vornehmlich von der Wortschatzarbeit innerhalb der Lehrbuchphase ausgeht, welche die Wörterbuchnutzung in der Regel noch ausschließt.

Da die dargestellten Forderungen der Lehrpläne vorzugsweise auch in den Lehrwerken umzusetzen sind, sollen sie neben den Erkenntnissen der Lernpsychologie und Kognitionswissenschaften ebenfalls Ausgangspunkte des Kriterienkatalogs verkörpern.

---

31 Vgl. Kernlehrplan NRW 2008, S. 34; LP Latein HE 2010, S. 58 u. KC NI 2011, S. 14.

32 Vgl. LP Latein Sachsen 2011, S. 19.

33 Vgl. LP Alte Sprachen HH 2011, S. 18; KC NI 2011, S. 15 u. LP Latein Thüringen 2011, S. 15.

2 Speicherung und Organisation von Wörtern im Gedächtnis

2.1 Ausgangsbasis und Lernbegriff

Im Zuge der kognitiven[34] Wende in den 60er Jahren des vergangenen Jahrhunderts wurde der Fokus der Untersuchungen von menschlichem Lernverhalten in Abgrenzung zum Behaviorismus auf die internen Prozesse des Gedächtnisses gelegt, zu denen auch Speicherung, Organisation und das Abrufen von Wissen zu zählen sind. Da das Verständnis dieser Prozesse für eine effektive und vom Subjekt des Schülers ausgehende Wortschatzarbeit unabdingbar ist, gehe ich zunächst von einem weitestgehend kognitiven Lernbegriff aus. Er berücksichtigt die interne Informationsverarbeitung, welche durch den behavioristischen Ansatz in Form der „Black-Box"[35] ausgeblendet wird. Eine wichtige Rolle spielen dabei vor allem die Gebiete der kognitiven Linguistik und der Psycholinguistik. Ich werde diesen Lernbegriff überdies noch um einen konstruktivistischen[36] ergänzen, der davon ausgeht, dass Gedächt-

34 Neisser, der maßgeblich zur Prägung des Begriffs der Kognition beigetragen hat, definiert diesen folgendermaßen: „[D]er Begriff der Kognition [meint] alle jene Prozesse, durch die der sensorische Input umgesetzt, reduziert, weiter verarbeitet, gespeichert, wieder hervorgeholt und schließlich benutzt wird." [Neisser (1974), S. 19.]

35 Streng behavioristische Theorien stützen sich lediglich auf das beobachtbare Reiz-Reaktionsverhalten. Alles, was sich zwischen dem Reiz und der Reaktion im lernenden Organismus abspielt, wird nicht thematisiert. Der Lernende scheint sich somit in einer „Black-Box" zu befinden, in die man nicht hineinsehen kann. [Vgl. Straka / Macke (1979), S. 20.]

36 „Lernen, konstruktivistisch betrachtet, ist nicht nur die Verarbeitung von Informationen, sondern auch ihre (stets subjektive) Interpretation. Diese Interpretation wird [...] bestimmt [...] durch die aktuellen Situationen, Kontexte und Vorbedingungen, unter denen sie stattfinden." [Hasselhorn / Gold (2013), S. 236.]

nisinhalte aufgrund der persönlichen Vorerfahrungen von jedem Individuum auf andere Weise konstruiert werden, und der vor allem im Bereich der Begriffs- und Konzeptbildung[37] sowie im Rahmen der Textrezeption zur Anwendung kommt.

Um die kognitiven Fähigkeiten des Menschen zu untersuchen, sind zwei Ausgangsebenen möglich, einmal die physisch-neuronale und zum anderen die abstrakt-mentale. Erstere liegt im Aufgabenbereich der Neurowissenschaft, die in der Lage ist, durch Messung von Hirnströmen und neuronalen elektrischen Impulsen Aussagen über die Informationsverarbeitung im Gehirn zu machen, anders als die mentalen Modelle, die von der kognitiven Linguistik, der Psycholinguistik sowie von der Lern- und Gedächtnispsychologie bereitgestellt werden und auf metaphorische Art versuchen, die Beobachtungen linguistischer Sprachexperimente möglichst in Gänze zu erklären.

Allerdings bietet die Neurowissenschaft derzeit für die höheren Ebenen der Kognition keine ausreichende Erklärung und kann die linguistischen Regeln der Sprachfähigkeit mit der eigenen Terminologie nicht adäquat erfassen.[38] Aus diesem Grund werden vor allem die mentalen Modelle als Ausgangsbasis der Betrachtungen dienen, da der Kriterienkatalog sowohl die komplexen kognitiven Vorgänge des Wortschatzerwerbs als auch die mentalen und linguistischen Aspekte des Übersetzungsvorgangs berücksichtigen soll.

Die Untersuchungsbereiche dieser mentalen Modelle erstrecken sich über ein weites Feld, von dem an dieser Stelle jedoch nur einige für den fremdsprachlichen Wortschatzerwerb relevante Aspekte erläutert werden. Dabei ist zu beachten, dass viele dieser Modelle miteinander in Konkurrenz stehen und oftmals nur Teilbereiche der kognitiven Vorgänge abdecken, sodass für eine vollständige Erfassung eine Kombination von Modellen erfolgen muss. Als Kriterien für die Auswahl der hier dargestellten Modelle gelten zum einen ihre Glaubwürdigkeit, indem sie eine hohe und weitestgehend stimmige Abdeckung von experimentellen Befunden gewähr-

---

37 Siehe hierzu Abschnitt 2.2.4.1.1.

38 Vgl. Schwarz (2008), S. 81.

leisten, und zum anderen ihre Anwendbarkeit im Zuge der Wortschatzarbeit.

2.2 Gedächtnismodelle

Bevor wir uns dem Modell des mentalen Lexikons zuwenden, das die Organisation und Relationen der im Gedächtnis gespeicherten semantischen Inhalte zu erklären versucht und Anregungen für die Strukturierung dieser Inhalte im Rahmen der Zwei- und Mehrsprachigkeit bietet, soll ein Überblick über den Prozess der Verarbeitung von eingehenden äußeren Reizen zu festen Wissensbeständen geboten werden. Diesbezüglich werden zwei miteinander konkurrierende, sich jedoch auch ergänzende klassische Entwürfe präsentiert: Das auf Richard Atkinson und Richard Shiffrin zurückgehende Mehrspeichermodell und der Mehrebenenansatz von Fergus Craik und Robert Lockhart.

Der erste Entwurf geht davon aus, dass das Gedächtnis in mehrere Teile oder Speicher zerlegt werden kann, während der zweite ein einziges Gedächtnissystem postuliert. Auch wenn beide Ansätze mittlerweile in Teilen revidiert und ergänzt worden sind, erweisen sie sich immer noch aufgrund ihrer Anschaulichkeit als förderlich für das Verständnis von Erfolg und Misserfolg bei der Vokabelaufnahme. Überdies hat sich die Terminologie des Mehrspeichermodells bei der Beschreibung von Wortschatzspeicherung durchgesetzt und wird auch immer wieder im Rahmen anderer Theorien genutzt, wie beispielsweise die Begriffe „Kurz-“ und „Langzeitgedächtnis“. Seine Kenntnis muss folglich für das Verstehen weiterer Modelle vorausgesetzt werden. Auch der Mehrebenenansatz, vor allem seine Weiterentwicklung durch Craik und Endel Tulving, hat mit seiner Vorstellung der Verarbeitungstiefe einen Denkansatz geschaffen, welcher noch heute in den neueren Theorien und Überlegungen zur Wortschatzarbeit präsent ist.

2.2.1 Das Mehrspeichermodell

In ihrem Drei-Speicher-Modell[39] nehmen Atkinson und Shiffrin eine Unterteilung des Gedächtnisses in *sensory register* (Ultrakurzzeitgedächtnis), *short-term store* (Kurzzeitgedächtnis) und *long-term store* (Langzeitgedächtnis) vor.[40]

Eingehende sensorische Reize gelangen über die menschlichen Sinnesorgane in das UKZG und verweilen dort nur kurz, bevor sie wieder verloren gehen. Fokussiert das aufnehmende Subjekt bestimmte Reize, werden sie in das KZG überführt. Auch wenn die Informationen hier länger bestehen als im UKZG, beträgt die Zeitspanne nur etwa 30 Sekunden, es sei denn, sie werden durch Wiederholungsmechanismen (*rehearsal*)[41] über diese Dauer hinaus aufrechterhalten. Atkinson und Shiffrin charakterisieren das KZG überdies als *working memory*,[42] da es für die Kodierung der eingehenden sensorischen Reize in auditive oder visuelle Informationen verantwortlich ist, die dann im Gedächtnis gespeichert und wieder abgerufen werden können. Helmut Lukesch bezeichnet den Kodierungsprozess auch als einen „Übergang vom präkategorialen Immediatspeicher zum kategorialen (klassifizierenden) Gedächtnis".[43] Dabei können Enkodierung und die damit einhergehende Klassifizierung unabhängig von dem sensorischen Reiz erfolgen; ein visuelles Wort kann beispielsweise im KZG als auditive Information vorliegen. Man weiß heute jedoch, dass noch weitere Kodierungsformen existieren wie etwa semantische oder olfaktorische.[44] Bezüglich der Wortspeicherung sei an dieser Stelle darauf verwiesen, dass sowohl auditive und visuelle als auch weite-

39 Hierbei handelt es sich um eine Erweiterung ihres ursprünglich dualen Speichermodells, welches sie später um die Komponente des sensorischen Speichers (*sensory register*) ergänzten. [Vgl. Atkinson / Shiffrin (1968).]

40 Vgl. a.a.O., S. 89ff. Im Folgenden werden die üblichen Abkürzungen der deutschen Begriffe benutzt: UKZG (Ultrakurzzeitgedächtnis), KZG (Kurzzeitgedächtnis) und LZG (Langzeitgedächtnis).

41 Wörter können sowohl leise im Kopf als auch durch Aussprache wiederholt werden, wobei sich letztere Variante als effektiver gestaltet; siehe hierzu auch Abschnitt 2.3.

42 Vgl. Atkinson / Shiffrin (1968), S. 92.

43 Lukesch (2001), S. 74.

44 Vgl. Schermer (2006), S. 124.

re Informationen miteinander verbunden gespeichert sind und das Wortwissen somit in der Regel nicht allein visuell oder auditiv vorliegt.[45] Wurde eine enkodierte Information ausreichend elaboriert, was bedeutet, dass eine vertiefte Informationsverarbeitung stattgefunden hat, gelangt sie in das LZG, wo eine permanente Speicherung erfolgt und neben auditiven und visuellen Speicherungsformen noch weitere existieren können.

Das LZG wird in verschiedene Bereiche unterteilt, wobei diese Unterteilung allgemein anerkannt wird und nicht nur im Rahmen des Mehrspeichermodells Anwendung findet. Auf oberster Ebene stehen das deklarative und das implizite Gedächtnis. Ersteres beinhaltet bewusst abrufbare Informationen und kann weiter unterteilt werden in episodisches und semantisches Gedächtnis.[46] Das semantische ist für die Speicherung von Wortschatz besonders wichtig und soll in den folgenden Modellen vornehmlich betrachtet werden.[47] Das implizite Gedächtnis dagegen umfasst unbewusste Informationen wie etwa internalisierte Handlungsabläufe.[48] An dieser Stelle sei darauf verwiesen, dass noch weitere Gedächtnisarten existieren wie etwa das emotionale oder das idiosynkratische, welches persönliche Erfahrungen beinhaltet, die von Mensch

45 Siehe hierzu Abschnitt 2.2.4.

46 Das episodische Gedächtnis bezieht sich auf zeitlich datierte, räumlich lokalisierte und persönlich erfahrene Ereignisse und Episoden, während die Inhalte des semantischen Gedächtnisses das organisierte Wissen eines Menschen umfassen und den Abruf von Informationen erlauben, die nie gespeichert wurden, sondern erschließbar sind. [Vgl. Lukesch (2001), S. 113.]

47 Franz-Joseph Meißner weist darauf hin, dass die prozeduralen und deklarativen kognitiven Einheiten nicht immer trennscharf voneinander abgrenzbar sind. [Vgl. Meißner (1999), S. 69f.] Auch wenn der Fokus dieser Arbeit auf dem deklarativen Wissen liegt, darf nicht vergessen werden, dass Sprachprozesse immer auch an internalisierte Handlungsabläufe gekoppelt sind.

48 Auch das implizite Gedächtnis besitzt weitere Teilbereiche. Die internalisierten Handlungsabläufe werden dem prozeduralen Gedächtnis zugeordnet. In Bezug auf den Fremdsprachenerwerb stellt das deklarative Wissen beispielsweise Wort- und Grammatikwissen dar, das gelernt und widergegeben werden kann. Entwickelt sich ein Sprecher derart weiter, dass er in einer Situation automatisch auf Wissen zurückgreift, ohne anschließend genau wiedergeben zu können, welche Prozesse er im Einzelnen vollzogen hat, kann von impliziten Wissen, in diesem Fall von prozeduralem, gesprochen werden.

zu Mensch verschieden sind und somit auch genaue, individuenübergreifende Aussagen für die konkrete Speicherung von Wissen erschweren.

Wird intentional auf gespeicherte Informationen zugegriffen, gelangen sie wieder in das KZG, welches folglich den Raum für bewusste Denkprozesse darstellt. Um die Kapazität des KZG zu ermitteln, wurden Tests bezüglich der Merkfähigkeit von Personen durchgeführt. George Miller hat in diesem Rahmen die berühmte „Millersche Zahl" eingebracht, indem er ausgehend von Untersuchungen des Behaltens von Sprachreizen schloss, dass sich der Mensch sieben plus / minus zwei Einheiten merken kann.[49] Der Begriff der Einheiten (bei Miller *chunks*) ist hier von besonderer Wichtigkeit, da er nicht nur einzelne Zahlen, Buchstaben oder Worte, sondern ganze Bedeutungskomplexe bezeichnet.[50] Dabei können mehrere Informationen aufgrund irgendeines vom Subjekt hergestellten Zusammenhangs zwischen ihnen zu einem *chunk* verbunden werden, was eine Erweiterung der Aufnahmefähigkeit des KZG zur Folge hat. Eine sinnvolle Gliederung von mehreren zu lernenden Wörtern, beispielsweise aufgrund gemeinsamer semantischer Merkmale, erleichtert folglich auch ihre Aufnahme.

Die strikt sequenzielle Vorgehensweise des Modells, die funktionale Trennung sowie die Unabhängigkeit der Speicher werden jedoch kritisiert,[51] da das Vorwissen eines Subjekts die Aufnahme und Kodierung von Informationen beeinflussen kann. So forderten William Chase und Herbert Simon in einem Experiment sehr erfahrene und unerfahrenere Schachspieler dazu auf, sich bestimmte Figurenpositionen einzuprägen und nachzustellen. Dabei waren diese Positionen teilweise real, also einem tatsächlichen Spielverlauf entnommen, und teilweise zufällig ausgedacht. Die Gedächtnisleistung bezüglich der zufälligen Positionen erwies sich in beiden

49 Vgl. Miller (1956), S. 90ff.

50 „[W]e must recognize the importance of grouping or organizing the input sequence into units or chunks. Since the memory span is a fixed number of chunks, we can increase the number of bits of information that it contains simply by building larger and larger chunks, each chunk containing more information than before." [Miller (1956), S. 93.]

51 Vgl. hierzu Hoffmann / Engelkamp (2013), S. 119.

Gruppen als gleich, während die realen Positionen von den erfahrenen Spielern weitaus besser behalten und rekonstruiert wurden als von den unerfahrenen. Chase und Simon erklärten ihr Ergebnis durch die Annahme, dass die erfahreneren Spieler bei der Memorierung der Figuren auf ihr Vorwissen zurückgriffen, die Konstellationen sozusagen darin einbetteten und somit diese auch leichter wieder abrufen konnten.[52] Dies verdeutlicht, dass nicht nur Informationen aus dem KZG in das LZG überführt werden, sondern der Inhalt des LZG die Kodierung im KZG zum Teil erheblich beeinflusst und zumindest bestimmte Bereiche des LZG dem KZG vorgelagert sein können.[53] Überdies zweifeln Chase und Simon die Zahl von sieben plus / minus zwei Einheiten als Fassungsvermögen des KZG an, da sie feststellten, dass die erfahrenen Spieler im Gegensatz zu den unerfahrenen diesbezüglich eine größere Gedächtnisleistung erbrachten. Durch Videoaufnahmen von Rekonstruktionsversuchen der Testpersonen ermittelten Chase und Simon infolge der längeren und kürzeren Pausen beim Aufstellen der Figuren die von Miller eingeführten *chunks*. Diese *chunks* stellten hier zusammengefasste Figureneinheiten dar. In Anlehnung an Miller sollte davon auszugehen sein, dass jeder Spieler in etwa sieben *chunks* rekonstruieren kann. Es zeigte sich jedoch, dass die von den erfahreneren Spielern produzierten *chunks* über die Zahl sieben plus / minus zwei hinausgingen und überdies auch mehr Figuren umfassten. Chase und Simon liefern hierfür folgende Erklärung: Es sei möglich, dass sich die erfahrenen Spieler die einzelnen *chunks* nicht zusammenhangslos, sondern in einer nicht nachvollziehbaren Weise miteinander verbunden einprägten. In diesem Fall sei die Millersche Zahl anzuzweifeln.[54]

Joachim Hoffmann und Johannes Engelkamp merken an, dass eine Trennung von KZG und LZG, wie sie das Drei-Speicher-Modell vorsieht, nur dann sinnvoll sei, wenn das Einprägen sinnloser

52 „On the hypothesis that memory of positions depends on recognizing familiar configurations or chunks of pieces, a grandmaster or master would find it easier to remember positions like those he encounters in his play or study." [Chase / Simon (1973), S. 61.]

53 Vgl. Schermer (2006), S. 123.

54 „[T]he data should make us skeptical of an overly simple theoretical position

Sprachreize betrachtet werden soll, die keine semantischen Informationen aktivieren,[55] und auch die Millersche Zahl mag auf diese sinnlosen Sprachreize zutreffen. Um jedoch den komplexen Vorgang des Behaltens und Integrierens semantischer Informationen, wie es auch beim Wortschatzerwerb der Fall ist, zu erklären, muss man sich anderer Modelle bedienen. Überdies zeigt der Einfluss der im LZG lagernden Vorkenntnisse auf das Behalten von Informationen, dass eine strikte Trennung, wie sie das ursprüngliche Modell vorsieht, nicht haltbar ist. Das Drei-Speicher-Modell erweist sich laut Gerd Mietzel lediglich als eine Möglichkeit, die Beobachtungen aus dem Lern- und Behaltensbereich übersichtlich zu ordnen und zu erklären,[56] wobei der statische Ansatz von Atkinson und Shiffrin dynamisiert gedacht werden muss.

Diese Revidierungen machen deutlich, dass Vorwissen und Organisation von Lerninhalten im Unterricht fruchtbar gemacht werden können. Überdies zeigen die Befunde von Chase und Simon, dass nur diejenigen Konstellationen von den Schachprofis besser rekonstruiert werden konnten, welche real waren und somit Relevanz für sie besaßen. Es genügt folglich nicht, den Schülern lediglich Anknüpfungspunkte zu bieten, darüber hinaus müssen sie auch selbst eine Relevanz zwischen diesen und den Lerninhalten herstellen können.

2.2.2 Der Mehrebenenansatz

Craik und Lockhart setzen der Auffassung eines seriellen Speichers mit ihrem Mehrebenenansatz (auch *Levels-of-Processing*-Ansatz genannt) ein Modell entgegen, das annimmt, dass aufgenommene Reize nicht durch verschiedene Gedächtnisspeicher geschickt werden, sondern drei unterschiedliche Verarbeitungsstufen durchlaufen können, deren Tiefe für stärkere oder schwächere Gedächtnisspuren (*memory trace*) verantwortlich ist.

---

that postulates that short-term memory consists of a linear list of seven or so unrelated chunk slots." [Chase / Simon (1973), S. 77f.]

55 Vgl. Hoffmann / Engelkamp (2013), S. 120.

56 Vgl. Mietzel (2007), S. 205.

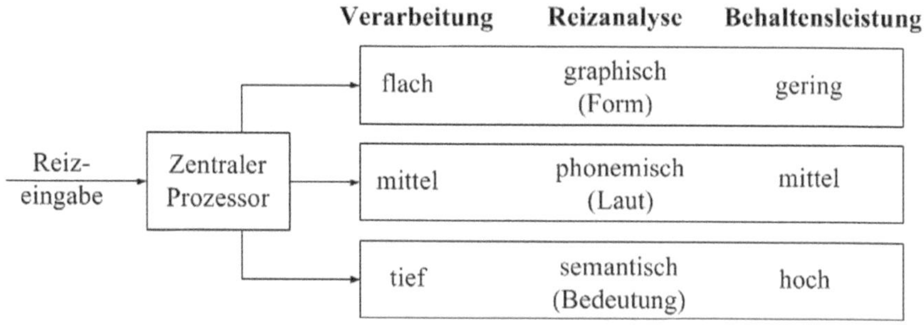

Abbildung 2.1: Modell der Verarbeitungstiefe von Craik und Lockhart. [nach: Schermer (2006), S. 135]

Die Verarbeitungsstufen werden dabei hierarchisch betrachtet, abhängig von der vordergründigen Reizdimension, und reichen von einer flachen Verarbeitung von physikalischen und sensorischen Merkmalen über eine mittlere Verarbeitung von phonemischen Eigenschaften bis hin zu einer tiefen Verarbeitung von semantischen Aspekten.[57] Die Gedächtnisspur erweist sich dabei als umso stärker, je tiefer die Verarbeitung erfolgt, sodass semantisch verarbeitete Informationen die effektivste Erinnerungsleistung garantieren.[58]

Allerdings wurde schnell erkannt, dass diese drei Dimensionen der Tiefe nicht ausreichen, um die verschiedenen Stärken von Gedächtnisleistungen zu erklären, da auch innerhalb der unterschiedlichen Tiefen divergierende Gedächtnisleistungen auftreten können. Aufgrund dessen entwickelten Craik und Tulving den Mehrebenenanatz dahingehend weiter, dass sie neben dem Aspekt der Verarbeitungstiefe noch den der Elaboration auf jeder Ebene hinzufügten, welcher die Ausprägung der Informationsverarbeitung beschreibt.[59] Somit bleibt die Verarbeitungstiefe als qualitative Art der Kodierung auf sensorischer, phonemischer und seman-

57 Vgl. Schermer (2006), S. 135.

58 „This conception [...] referred to as ‚depth of processing' where greater ‚depth' implies a greater degree of semantic or cognitive analysis." [Craik / Lockhart (1972), S. 675.]

59 Vgl. Craik / Tulving (1975).

tischer Ebene bestehen und wird ergänzt durch die quantitative Elaboration, welche sich auf die Ausdehnung oder Reichhaltigkeit der auf jeder Ebene erfolgenden Verarbeitung bezieht.

Im Kontext dieser Weiterentwicklung führten Craik und Tulving eine Reihe von Experimenten durch, von denen eines für die semantische Verarbeitung hinsichtlich der Wortschatzarbeit von besonderer Bedeutung ist und daher im Folgenden dargestellt werden soll. Craik und Tulving boten Versuchspersonen verschiedene Satzrahmen mit einer zu ergänzenden Lücke sowie ein Substantiv, wobei die Probanden angeben sollten, ob dieses inhaltlich in die Lücke passe oder nicht. Die Sätze wiesen dabei drei verschiedene Stufen semantischer Komplexität auf (*simple, medium, complex*).[60] Nach einer kurzen Pause sollten die Personen so viele der zuvor gebotenen Substantive nennen wie möglich. Dies geschah zunächst durch das freie Memorieren aus dem Gedächtnis (*free recall*) und anschließend unter Hilfestellung in Form von Darbietung der Satzrahmen (*cued recall*). Die Ergebnisse zeigen, dass die Gedächtnisleistungen in Bezug auf die Wörter, welche die Bewertung „unpassend" erhielten, keine Unterschiede aufwiesen. Bei den Wörtern allerdings, die als passend eingestuft wurden, zeigte sich, dass die Komplexität der Satzrahmen einen erheblichen Einfluss auf die Erinnerungsleistung ausübte. Je komplexer der Satzrahmen war, desto eher erinnerten sich die Versuchspersonen an die mitpräsentierten Wörter. Die Gedächtnisleistung variierte überdies noch in Hinblick auf das Abrufverfahren: Sowohl beim *free recall* als auch beim *cued recall* war die Erinnerungsleistung bei den Wörtern mit den komplexen Satzrahmen höher, wobei sie noch besser war, wenn die Wörter im *cued recall* abgerufen wurden.[61] Aufgrund dieser Ergebnisse und fußend auf der Erkenntnis, dass die als unpas-

---

60 Als Beispiel seien der einfache Satzrahmen „He dropped the ..." und der komplexe „The old man hobbled across the room and picked up the valuable ... from the mahogany table" genannt, wobei in diesem Fall für beide Rahmen das Wort „watch" dargeboten wurde. [Vgl. Craik/Tulving (1975), S. 283.]

61 „Experiment 7 has thus demonstrated that more complex, elaborate sentence frames do lead to higher recall, but only in the case of positive target words. Further, the effects of complexity and response type are greatly magnified by reproviding the sentence frames as cues." [Craik/Tulving (1975), S. 284.]

send empfundenen Substantive schlechter wiedergegeben werden konnten, resümieren Craik und Tulving:

> If a presented word does not fit the sentence frame, the subject cannot form a unified image or percept of the complete sentence, the memory trace will not represent an integrated meaningful pattern, and the word will not be well recalled.[62]

Ähnlich wie bei den Schachspielern geht man auch hier davon aus, dass Inhalte nur als relevant eingestuft und somit ausreichend verarbeitet werden, wenn sich im Gedächtnis bereits Anknüpfungspunkte befinden.

Die Ergebnisse dieses Experiments und der Mehrebenenansatz selbst lassen die Schlussfolgerung von drei wichtigen Voraussetzungen zu, die bei einer effektiven Wortschatzarbeit beachtet werden müssen. Zunächst stellen die sensorische und phonemische Verarbeitung ineffektivere Kodierungsformen dar als eine semantische. Es genügt demnach nicht, Wörter nur zu lesen oder zu hören, ihr Inhalt muss auch immer reflektiert und in Zusammenhang mit anderen Informationen elaboriert werden. Zum anderen wurde gezeigt, dass der semantische Kontext und seine Komplexität eine bedeutende Rolle beim Erinnern spielen. Je komplexer und vielfältiger der dargebotene Kontext eines Wortes ist, desto wahrscheinlicher ist auch eine feste Verankerung im Gedächtnis. Die kontextlose Darbietung von einzelnen Vokabeln erscheint also weniger fruchtbar als eine Präsentation in verschiedenen Sätzen. Weiter zeigte sich, dass diejenigen Wörter besser behalten wurden, welche im Kontext der Satzrahmen Sinn ergaben. Da Sinn auch immer mit den Vorerfahrungen der Schüler zusammenhängt, sollten Wörter somit in einem ihnen bekannten Kontext präsentiert werden. Auch sollten Vokabeln nicht nur visuell, sondern ebenfalls akustisch dargeboten werden, zumal die Verarbeitung gemäß dem Mehrebenenansatz auf phonemischer Ebene tiefer ist als auf graphischer.

62 Ebd.

2.2.3 Lernen und Vergessen

2.2.3.1 Kodierungshilfen

Wie bereits dargestellt, findet dem Mehrspeichermodell zufolge eine Kodierung von eingehenden Reizen im KZG statt, die dann als auditive, visuelle oder anderweitig klassifizierte Informationen im LZG gespeichert werden. Der Mehrebenenansatz geht davon aus, dass Kodierungen unterschiedlicher Intensität auf den verschiedenen Verarbeitungsebenen auftreten können. Um den Kodierungsprozess in Hinblick auf den Fremdsprachenerwerb zu verdeutlichen, sind die Begriffe der *bottom up-* und *top down-*Prozesse hilfreich, die Frank Königs folgendermaßen definiert:

> Die aufsteigenden Verarbeitungsprozesse (*bottom up*) beginnen bei der eingehenden Information selbst und bestehen darin, dass diese Information auf bekannte, im Wissensvorrat abgelegte Elemente oder Bestandteile untersucht wird. Gleichzeitig setzt das sprachverarbeitende Individuum absteigende Verarbeitungsprozesse in Gang (*top down*), bei denen Ko- und Kontext daraufhin überprüft werden, inwieweit sie bei der Erkennung, dem Verstehen und der Abgleichung neuer Informationen mit vorhandenen Informationen hilfreich sind.[63]

Wie schon im vorherigen Kapitel veranschaulicht, muss der Lehrer darauf achten, dass das Vorwissen, welches er als Lernhilfe aktiviert, zum einen mit dem neuen Wissen kompatibel ist und zum anderen die Aufnahme nicht in Form von Interferenzen[64] behindert. Marcus Hasselhorn und Andreas Gold sehen in der Aktivierung von Vorwissen einen ganzheitlichen, förderlichen Prozess über drei Stufen hinweg. Zunächst erleichtere es die Entscheidung über die Relevanz von Informationen und unterstütze damit die Prozesse der selektiven Aufmerksamkeit. Weiter werde das Arbeitsgedächtnis durch schnelle Aktivierung von Konzepten entlastet. Schließlich steigere das Vorwissen auch das Interesse am Lerngegenstand und erhöhe somit die Bereitschaft, weitere Ressourcen für Lernprozesse zu mobilisieren.[65] Beliebte Anknüpfungsinhalte

---

[63] Königs (2000), S. 127.

[64] Zum Thema Interferenzen siehe Abschnitt 2.2.3.2.

[65] Vgl. Hasselhorn / Gold (2013), S. 90.

der Wortschatzarbeit im Lateinunterricht stellen verwandte Wörter aus der Muttersprache oder aus anderen Sprachen wie Englisch oder Französisch dar. Hierbei muss jedoch darauf geachtet werden, dass die Wörter den Schülern auch bekannt sind, da ansonsten „die Größe X durch Y"[66] erklärt wird, wie Gerhard Fink und Friedrich Maier es formulieren. Anderenfalls führen sie aufgrund der vielen Reize nur zu einer überflüssigen Überlastung des Arbeitsgedächtnisses und lenken von den zu lernenden Inhalten ab.

Neben der Relevanz des Vorwissens und der bereits dargestellten Wirksamkeit von semantischer Verarbeitung existieren noch weitere effektive Kodierungshilfen. Alle zu nennen würde hier zu weit führen, daher sei auf einige besonders für die Wortschatzarbeit relevante hingewiesen, zu denen der Selbstbezugs-, der Positions- und der Bildüberlegenheitseffekt zählen.

Hinsichtlich des ersten Effekts erklärt Mietzel, dass die tiefste Verarbeitung von Informationen erfolgt, wenn entdeckt wird, dass diese für die eigene Person von Bedeutung sind oder unter bestimmten Bedingungen sein können. Dabei müssen sich die Lerninhalte nicht unbedingt auf die Person des Lernenden beziehen, sondern können auch in Zusammenhang mit Personen oder Sachverhalten stehen, die für den Lernenden bedeutsam sind.[67]

Für Überlegungen hinsichtlich der Präsentation von Wörtern gestaltet sich der Positionseffekt als ein wichtiges Kriterium bei der Anordnung, da die Behaltensleistung für ein Wort davon abhängt, an welcher Stelle es in der Lernphase dargeboten wird.[68] Der *primacy effect* bezeichnet das Phänomen, dass anfänglich präsentierte Wörter besser behalten werden als in der Mitte dargebotene. Auch für die zuletzt dargebotenen Wörter zeigt sich eine bessere Erinnerungsleistung als für die mittigen, was als *recency effect* be-

---

66 Fink / Maier (1996), S. 21. Peter Kuhlmann weist überdies darauf hin, dass Bedeutungsverschiebungen, welche die Wörter der modernen Fremdsprachen unter Umständen erfahren haben, im Unterricht zu thematisieren seien. Auf diese Weise könne eine direkte Übertragung ihrer Bedeutung auf die lateinischen Wörter vermieden werden. [Vgl. Kuhlmann (2011), S. 123.]

67 Vgl. Mietzel (2006), S. 298.

68 Vgl. Engelkamp / Zimmer (2006), S. 227.

zeichnet wird.[69] Die daraus für die Wortschatzarbeit zu ziehende Konsequenz lautet, schwierige und wichtige Wörter immer an den Anfang und das Ende der Präsentationsphase zu stellen.[70]

Als weiterer wichtiger Faktor im Rahmen einer effektiven Kodierung muss der Bildüberlegenheitseffekt betrachtet werden. Zahlreiche Befunde haben gezeigt, dass Bilder besser im Gedächtnis bleiben als ihre Bezeichnungen und im Allgemeinen auch besser als verbale oder auditive Informationen, wobei dies sowohl für ihre Wiedererkennung als auch für das freie Reproduzieren gilt.[71] Aus diesem Grund ist es immer anzuraten, auch bildlich aufbereitetes Material zur Gedächtnisunterstützung anzubieten. Überdies können Wörter selbst Bildlichkeit besitzen. Je konkreter ein Wort ist, desto besser bleibt es in der Regel im Gedächtnis verankert.[72] Allan Paivio erklärt den Bildüberlegenheitseffekt im Rahmen seiner *Dual-Coding*-Theorie, die davon ausgeht, dass zwei Kodierungssysteme im menschlichen Gedächtnis existieren, ein verbales und ein nonverbales, bildliches.[73] Beide Systeme können voneinander getrennt oder einander aktivierend arbeiten. Eine bestimmte Art der Verbindungen beider Systeme, die er *referential connections* nennt, erlaube, ein Bild verbal zu bezeichnen (*naming to pictures*) und eine verbale Kodierung zu verbildlichen (*imaging to words*). Verbale Informationen werden nur im verbalen System verarbeitet, bildliche Informationen hingegen werden auf referentieller Ebene kodiert, hier sind also beide Systeme beteiligt. Bezogen auf Wörter bedeutet dies, dass Konkreta – anders als Abstrakta,

69 Vgl. ebd.

70 Der Positionseffekt lässt sich durch Experimente belegen, seine Gründe sind allerdings unklar. Für einige Erklärungsversuche siehe ebd.

71 Vgl. Engelkamp (1998), S. 227.

72 Natürlich sind, wie bereits gezeigt, noch weitere Faktoren für die Verankerung von Wörtern relevant, daher kann immer auch ein abstraktes Wort unter gegebenen Umständen von einem Individuum besser behalten werden als ein konkretes.

73 „The verbal system contains visual, auditory, articulatory and other modality-specific verbal codes [...] Nonverbal representations include modality-specific images for shapes [...], environmental sounds [...], actions [...], skeletal or visceral sensations related to emotion [...] and other nonlinguistic objects and events." [Clark/Paivio (1991), S. 151f.]

welche nur im verbalen System verarbeitet werden – nicht nur verbal, sondern auch bildlich kodiert werden. Dies führt zu einem besseren Behalten der konkreten Begriffe. [74]

Auch wenn Paivios Annahme, dass Bilder spontan kodiert werden, mittlerweile widerlegt wurde,[75] so gilt dies im Rahmen seiner Theorie nur für den Grund des Bildüberlegenheitseffekts, nicht aber für den Effekt selbst und für die Anschaulichkeit, mit der Paivio die unterschiedlich starke Verankerung von bildlichem und nichtbildlichem Material darstellt. Was die lateinischen Wörter betrifft, so merkt Arthur Kracke jedoch an, dass ihr Bildgehalt verblasst ist, während sich die Muttersprache und auch andere moderne Fremdsprachen durch neue metaphorische Ausdrücke, die von der Umgangssprache in die Hochsprache gelangen, ständig verjüngen.[76] Überdies kommt hinzu, dass auch ein vorhandener Bildgehalt in der lateinischen Sprache den Schülern oftmals nicht so erschließbar ist wie in den modernen Fremdsprachen. Hier sind daher besondere Bemühungen der Wortschatzarbeit nötig, damit die Wörter nicht bloß abstrakte Gebilde bleiben. Eine Visualisierung besonders der abstrakten Begriffe kann an dieser Stelle Abhilfe schaffen. Aber nicht nur einzelne Wörter, sondern auch ihre Relationen können durch Bilder unterstützt werden. Eine mögliche Umsetzung stellt die Infografik dar, bei der laut Bernd Weidenmann Text- und Bildelemente ineinander montiert sind und die in der Regel Konzepte, Relationen und zeitliche Abläufe zeigt.[77] Als konkretes Beispiel möge hier eine einfache Infografik genügen, welche den Begriff *copiae* und die Relationen seiner untergeordneten Begriffe deutlich macht:

Durch derartige Visualisierungen können zudem weitaus komplexere Bedeutungsbereiche dargestellt werden, zum Beispiel im Rahmen der fremdkulturellen Schemata, die in Abschnitt 2.2.4.1.4 näher erläutert werden.

---

74 Vgl. Schermer (2006), S. 130.

75 Vgl. Engelkamp (1998), S. 230.

76 Vgl. Kracke (1952), S. 56. Als Beispiele nennt er *im Bilde sein, umschalten* oder *Gas geben*.

77 Vgl. Weidenmann (1998), S. 251.

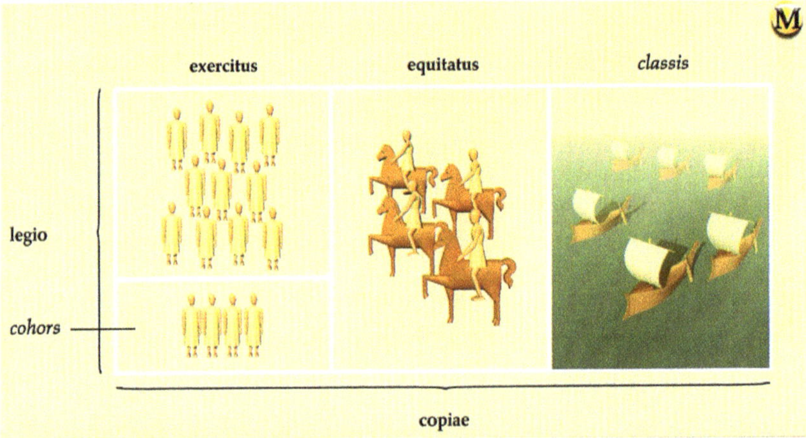

Abbildung 2.2: Darstellung des Begriffs *copiae* und der Relationen seiner Unterordnungen. [Utz (2013), S. 26.]

Dass sich auch eine komplexe semantische Bildlichkeit in der Vorstellung effektiver einprägt, zeigte Gordon Bower in einem Experiment, in dem Versuchspersonen Wortpaare lernen und wiedergeben sollten. Ein Teil der Versuchspersonen wurde dazu angehalten, sich beim Einprägen dieser Wortpaare eine bildliche Szene vorzustellen, in der beide Wörter in irgendeiner Weise interagieren. Diese Personen konnten die Wortpaare besser wiedergeben als die Kontrollgruppe, welche keine derartige Anweisung erhielt und lediglich auswendig lernte.[78] Dies deckt sich auch mit Craiks und Tulvings Beobachtungen, die im vorigen Kapitel dargestellt wurden, und deutet auf die Wichtigkeit der intensiven, inhaltlichen Auseinandersetzung mit Wörtern hin.

2.2.3.2 Theorien des Vergessens

Die Unterrichtspraxis zeigt, dass auch eine erfolgreiche Kodierung oftmals nicht verhindern kann, dass Vokabeln scheinbar gänzlich vergessen werden oder in einer bestimmten Situation nicht abrufbar sind. Für diese Phänomene hält die Gedächtnispsychologie ver-

78 Vgl. Bower (1972), S. 65ff.

schiedene Theorien bereit, von denen an dieser Stelle die des Spurenzerfalls, die Interferenztheorie und die Theorie des fehlenden Hinweisreizes betrachtet werden sollen.[79]

Die Theorie des Spurenzerfalls geht davon aus, dass die gelernten Inhalte im LZG durch sogenannte Engramme[80], auch als Gedächtnisspuren bezeichnet, repräsentiert werden, die mit der Zeit verblassen, bis sie irgendwann gänzlich verschwunden sind und keinen Informationsabruf mehr zulassen. Dieser Prozess des Zerfalls kann jedoch durch wiederholtes Abrufen der Inhalte verhindert werden, indem die Engramme aktiviert und somit aufrechterhalten werden. Auch wenn sich diese Theorie scheinbar mit vielen schulischen Beobachtungen deckt, ist der Faktor Zeit als Auslöser für das Vergessen anzuzweifeln. So zeigte Thomas Nelson beispielsweise in einem Experiment, dass auch scheinbar gänzlich vergessene Inhalte noch Spuren hinterlassen. Die Versuchspersonen prägten sich Wortpaare ein, die anschließend aus dem Gedächtnis abgerufen werden sollten. Die Wortpaare, die vergessen worden waren, wurden nach einiger Zeit nochmals gelernt und erneut abgerufen. Dabei stellte sich heraus, dass die Gedächtnisleistung der Versuchspersonen hinsichtlich dieser Paare besser war als die der Kontrollgruppe, die gänzlich neue Paare erlernte.[81] Auch wenn die Theorie des Spurenzerfalls als Metapher genutzt werden kann, um aufzuzeigen, welche Relevanz die Wiederholung von Gelerntem besitzt, wird deutlich, dass von der Vorstellung einer vollständigen Löschung von Gedächtnisinhalten aus dem LZG aufgrund zeitli-

79 Es existieren noch weitere Theorien wie die der Verdrängung oder Verzerrung, welche sich jedoch auf Ursachen beziehen, die sehr stark vom Lerner abhängig sind und der Lehrperson weniger Raum für Interventionsmöglichkeiten geben.

80 In der Forschung herrscht Uneinigkeit darüber, welcher Natur solche Engramme sind; es liegen zwei konkurrierende Modellvorstellungen vor. Erstere geht davon aus, dass Gedächtnisinhalte in Form von Eiweißmolekülen über die Gehirnrinde gespeichert sind, letztere nimmt an, dass sie als wiederholt auftretendes neuronales Erregungsmuster aufgrund früherer Bahnungsprozesse repräsentiert sind. [Vgl. Lukesch (2001), S. 163ff.]

81 Vgl. Nelson (1971). Im Anschluss an sein Experiment folgert er: „Individual items are forgotten from LTM [*long-term store* = LZG] in decremental rather than all-or-none fashion (i.e., there are savings for items forgotten from LTM)." [A.a.O., S. 575.]

cher Umstände abzusehen ist. Es müssen folglich andere Faktoren zum Vergessen beitragen.

Hier findet die Interferenztheorie Anwendung, die nicht die Zeit für Informationsverluste verantwortlich macht, sondern davon ausgeht, dass bereits gelerntes Material eine hemmende Wirkung auf neue Lerninhalte haben und umgekehrt neu gelerntes Material sich hemmend auf bereits Gelerntes auswirken kann. Im ersten Fall spricht man von proaktiver Interferenz, im zweiten Fall von retroaktiver. Diese interferierenden Ereignisse können zwischen Darbietung und Abruf des „vergessenen" Inhaltes liegen, sodass es aussieht, als haben Zeit oder mangelnde Wiederholung das Vergessen ausgelöst.[82] Neben proaktiver und retroaktiver Hemmung kann besonders die Ähnlichkeit der Inhalte die Interferenzgefahr steigern. Diese Ähnlichkeitshemmung, auch Ranschburg-Phänomen genannt, beschreibt die Interferenz bei Gedächtnisinhalten, die sich ähneln und ohne ausreichende Elaborierung zeitnah dargeboten werden. Der Name dieses Phänomens geht auf Paul Ranschburg zurück, der bereits Anfang des 20. Jahrhunderts zeigte, dass sich das Erlernen ähnlicher Silbenreihen als weitaus schwieriger erweist als das unähnlicher.[83] Hier lagen visuelle und auditive Ähnlichkeiten vor, aber auch für semantische, „sinngemäße Vorstellungsverbindungen"[84] konnte Ranschburg Ähnlichkeitshemmungen nachweisen.[85] In Bezug auf den Fremdsprachenerwerb merkt Dirk Siepmann an, dass hinsichtlich der semantischen Ähnlichkeiten vor allem auch das bereits bestehende System der Muttersprache eine große Gefahr der Interferenz bergen, wie beispielsweise bei Zwei-Wort-Kollokationen, deren Basis wörtlich übersetzt werden kann, wie „*make a photo".[86] Hier liegt das berühmte Phänomen der

---

82 Vgl. Engelkamp / Zimmer (2006), S. 221.

83 Dazu Ranschburg (1911), S. 23: „Bei sinnlosem Stoffe gelang es mir z.B. durch Häufung der Ähnlichkeiten des Materials (stets wechselnde Verbindung der nämlichen Konsonantenpaare mit verschiedenen Vokalen) Silbenreihen herzustellen, deren Erlernen, dauerndes Behalten und sicheres Reproduzieren an die Unmöglichkeit grenzt."

84 Ebd.

85 Vgl. a.a.O., S. 23f.

86 Vgl. Siepmann (2007), S. 66.

„falschen Freunde“ vor, welche die gleiche oder ähnliche Form in zwei oder gar mehreren Sprachen besitzen, hinter denen sich jedoch unterschiedliche Bedeutungen verbergen. Ähnliche Interferenzen lassen sich auch für gleichartige, jedoch nicht identische Satzkonstruktionen voraussagen. So wird deutlich, dass oftmals unterschiedliche Umsetzungen in Mutter- und Fremdsprache weniger Probleme bereiten als scheinbare Ähnlichkeiten.

Für die Darbietung von Wortschatz in den Lehrwerken bedeutet dies, dass Wörter, deren silbische oder graphemische Strukturen ähnlich sind oder die eine ähnliche Bedeutung besitzen, nicht gemeinsam oder nahe beieinander präsentiert werden sollten. Bei fremdsprachlichen Wörtern, die zwar eine Formähnlichkeit zur Muttersprache aufweisen, jedoch eine andere Bedeutung tragen, sollten die Unterschiede besonders deutlich gemacht werden. Im schulischen Bereich können jedoch Interferenzen als Folge einer unzureichenden Verarbeitung von Lerninhalten auftreten, besonders dann, wenn die Schüler zu wenig Zeit haben, das große Stoffangebot zu verarbeiten, und infolgedessen eine elaborierende Auseinandersetzung mit den Inhalten ausbleibt. Allerdings ist diese Elaborierung wichtig für einen hohen Ordnungsgrad des Stoffes, welcher hilft, ähnliche Inhalte zu differenzieren und besser im Gedächtnis wiederzufinden. [87] Überdies könnten die ausreichend diskutierten Ähnlichkeiten als Anknüpfungspunkte für die Dekodierung der neuen Inhalte dienen.

Schließlich ist auch die Theorie des fehlenden Hinweisreizes für den schulischen Bereich nicht zu vernachlässigen. Diesbezüglich differenziert Lukesch zwischen Verfügbarkeit und Zugänglichkeit:

> Prinzipiell *verfügbar* ist ein Inhalt, dessen Gedächtnisspur im LZG noch vorhanden ist, *zugänglich* ist ein Inhalt aber nur dann, wenn ein Reproduktionshinweis vorhanden ist, durch den der Inhalt erschlossen werden kann. Im Grunde handelt es sich nach dieser Ansicht nicht um echtes Vergessen, sondern um eine „Findestörung“, d.h. temporär ist der Zugriff zur gesuchten Information gestört.[88]

[87] Vgl. Mietzel (2007), S. 245.
[88] Lukesch (2001), S. 176.

Der Reproduktionshinweis, auch Hinweisreiz genannt, gestaltet sich dabei als ein Faktor, welcher bereits beim Erlernen des Inhaltes präsent war, wie etwa räumliche oder emotionale Gegebenheiten, Gerüche, Personen, aber beispielsweise auch die vorhergehende und nachfolgende Vokabel in einer Wortliste. Bezieht man diese Erkenntnisse auf den Lateinunterricht und die dortige Wortschatzarbeit, kann auch hier der Abruf durch anfänglich mitgelernte Reize vereinfacht werden. Diese Reize können semantischer, syntaktischer oder morphologischer Natur sein. Es ist möglich, Wörter im Rahmen der für sie typischen syntaktischen Strukturen oder in häufig auftretenden Kollokationen[89] zu lernen. Als Beispiel seien an dieser Stelle die Kollokationen *consilium capere* oder *epistulam scribere* genannt; hier kann das der zu lernenden Vokabel beigefügte Wort im Kontext als Hinweisreiz dienen. Dabei sollte das den Reiz verkörpernde Wort bereits bekannt sein, damit zum einen eine Überlastung des Arbeitsgedächtnisses vermieden wird und zum anderen der Reiz als Vorwissen fungieren kann, welches die Aufnahme der neuen Information erleichtert. Auch Kasusendungen können als Hinweisreize dienen, wenn beispielsweise Vokabeln wie *uti* oder *frui* in konkreten Verbindungen mit Wörtern im Ablativ gelernt werden.

2.2.4 Das mentale Lexikon

Nachdem nun ein Überblick über den Prozess der Aufnahme und Kodierung von Informationen gegeben worden ist, soll die Frage näher untersucht werden, wie das angeeignete Wissen, speziell das semantische, im Gedächtnis gespeichert und organisiert ist. Diese Frage hat eine Reihe von Vorstellungen und Modellen ausgelöst, die sich im Laufe der Zeit in Relation zur kulturellen Umwelt stets verändern.[90] Für die Vorstellung eines mentalen Lexikons, welche sich mittlerweile in fast allen Bereichen der Fremdsprachendidaktik durchgesetzt hat, bietet Königs folgende Definition:

89 Siehe hierzu Abschnitt 2.2.4.2.3.

90 Vgl. Aitchison (1997), S. 42.

> Unter dem mentalen Lexikon versteht man allgemein den Teil des Langzeitgedächtnisses, der die mentale Repräsentation von Wörtern und lexikalischen Informationen enthält. Es enthält mehrere ‚Unterverzeichnisse', in denen Informationen zu den unterschiedlichen sprachlichen Ebenen – also der phonologischen, der morphosyntaktischen und der semantischen sowie der pragmatischen – enthalten sind. Der Zugang zum mentalen Lexikon erfolgt über die Aktivierung physischer, mentaler und psychischer Prozesse.[91]

Wenn wir den menschlichen Gedächtnisspeicher als ein solches mentales Lexikon betrachten, muss dieses dabei als ein sich ständig erweiterndes und neu organisierendes Gebilde gedacht werden, in dem die einzelnen Einträge in vielfacher Weise miteinander verknüpft sind und dynamisch auf neue reagieren. Somit wird auch die Grenze der Metapher des Lexikons im Sinne eines Wörterbuchs deutlich, da letzteres zwar auch durch Einträge erweitert werden kann, selbst jedoch statisch ist. Auch würde eine alphabetische Wortsuche für die Sprachproduktion und -rezeption des Menschen zu viel Zeit in Anspruch nehmen, sodass das Abrufen von Informationen im mentalen Lexikon auf eine andere Weise erfolgen muss. Natürlich existieren auch innerhalb der Annahme des mentalen Lexikons verschiedene Anschauungen und Theorien bezüglich der Repräsentation und Verarbeitung von Informationen. Die folgende Darstellung erfolgt weitestgehend unter Bezugnahme auf die *Spreading-Activation*-Theorie, die im Abschnitt 2.2.4.2.2 genauer erläutert und aufgrund ihrer Nähe zu tatsächlich erfassbaren neuronalen Informationsverarbeitungsstrukturen oftmals favorisiert wird. Eine weitere wichtige Frage den Fremdsprachenunterricht betreffend lautet, ob für die einzelnen Sprachen, die ein Individuum beherrscht oder lernt, jeweils ein separates mentales Lexikon existiert, ob es an das muttersprachliche anknüpft oder ob alle Sprachen in einem universalen Lexikon erfasst werden.

Hinsichtlich des Aufbaus des mentalen Lexikons geht man, wie bereits in Königs' Definition angedeutet, davon aus, dass es sich aus Teillexika zusammensetzt, die phonologischer, graphemischer,

---

[91] Königs (2000), S. 127f.

syntaktischer, morphologischer, semantischer und möglicherweise noch anderer Natur sind. Folglich liegt ein gelernter Begriff nicht in einem einzigen Eintrag vor. Dies lässt sich ziemlich wirksam durch sogenannte *Tip-of-the-Tongue*-Phänomene (kurz „TOT") belegen. Dieser Begriff bezeichnet das Unvermögen einer Person, ein Wort zu nennen, das ihr sprichwörtlich „auf der Zunge" liegt. In einer Untersuchung zu diesen TOT-Phänomenen stellten Roger Brown und David McNeill fest, dass, obgleich das konkrete Wort den Versuchspersonen entfallen war, sie dennoch einen oder mehrere Buchstaben des Wortes nennen konnten, die Silbenzahl, die Wortart oder den Betonungsverlauf, woraus sie schlossen: „The whole word is represented in *abstract form recall* but not on the letter-by-letter level that constitutes its identity."[92] In diesen Fällen kann also auf diverse Teillexika zugegriffen werden, jedoch nicht auf das, in dem die konkrete Lautform des Wortes gespeichert ist. Somit wird deutlich, dass auch die Ausdrucksseite eines Wortes, welche lautlicher oder schriftlicher Natur sein kann, von der Inhaltsseite getrennt vorliegt, hinter der sich die Bedeutung verbirgt.

2.2.4.1 Wörter und ihre Bedeutungen

2.2.4.1.1 Das Wesen mentaler Konzepte

Die Inhaltsseite eines sprachlichen Ausdrucks wird von jedem Individuum unterschiedlich konzipiert. Diese Konzeption erfolgt, indem die gemeinsamen Merkmale von individuellen Objektexemplaren extrahiert und anschließend abgespeichert werden.[93] Die Kategorisierung von konkreten Objekten ist für das Individuum zwingend notwendig, da ihm ansonsten weder eine Organisation der unzähligen Informationen, die von außen einwirken, noch effizientes und schnelles Handeln möglich wäre.[94]

---

92 Brown / McNeill (1966), S. 326.

93 Vgl. Schwarz (2008), S. 109.

94 Vgl. ebd. Überdies weist Schwarz darauf hin, dass für die Kategorisierung der Welt und des mit ihr verbundenen Wissens die Prinzipien der Identität und der Äquivalenz von Bedeutung sind: „Das Prinzip der Identität lässt uns ein Objekt zu unterschiedlichen Zeitpunkten und in verschieden Räumen als ein und dieselbe Entität erkennen [...] Das Prinzip der Äquivalenz lässt uns zwei Objekte aufgrund ihrer gemeinsamen Eigenschaften als zwei

Um die Voraussetzungen der Kategorisierung zu veranschaulichen, soll kurz auf die Prototypentheorie verwiesen werden. Diese geht davon aus, dass das Subjekt verschiedene Objekte einer Kategorie zuordnen kann, auch wenn sich die Merkmale dieser Objekte nicht decken. Dies geschieht, indem mental ein Prototyp der entsprechenden Kategorie erstellt wird, mit dem die anderen Exemplare abgeglichen werden. Der Prototyp wird vor allem durch die Frequenz seines Auftretens bestimmt, sodass Prototypen hauptsächlich durch Familiarität und kulturelle Erfahrungen des Individuums zustande kommen. Als Kriterium für die Zuordnung zu einer Kategorie dient unter anderem die Familienähnlichkeit, welche suggeriert, dass es nicht zwingend ein oder mehrere Merkmale geben muss, die allen Exemplaren einer Kategorie gemeinsam sind, sondern dass eine Überlappung von Merkmalen zwischen den Exemplaren ausreicht, um sie einer Kategorie zuzuordnen.[95] Der Prototyp besitzt dabei in der Regel die Merkmale, die sich bei den anderen Vertretern der Kategorie am häufigsten überschneiden.

In einem Experiment präsentierte Eleanor Rosch einer Gruppe von Versuchspersonen verschiedene Kategorien mit darunter einzuordnenden möglichen Vertretern, wobei die Personen angehalten wurden zu bewerten, als wie typisch sie diese Vertreter in Bezug auf die Kategorien empfanden.[96] Dabei lag vor allem bei den als „prototypisch" bewerteten Vertretern eine große Übereinstimmung vor; *chair* wurde beispielsweise mehrheitlich als das prototypische Möbelstück bewertet, *pants* als prototypisches Kleidungsstück und *robin* als der prototypische Vogel.[97] Die Vorstellung des

---

Entitäten, die beide Exemplare (oder Instanzen) derselben Klasse sind, erkennen." [Ebd.]

95 Vgl. Engelkamp / Zimmer (2006), S. 161. Der Begriff der Familienähnlichkeit selbst stammt von Ludwig Wittgenstein. Dieser versuchte, die gemeinsamen Merkmale von Spielen herauszufiltern und stellte fest, dass es keine allen Spielen gemeinsamen Merkmale gibt, wohl aber Ähnlichkeiten, die ineinander übergreifen und einander kreuzen. In Anlehnung an die Ähnlichkeiten, die zwischen den einzelnen Mitgliedern einer Familie bestehen, betitelte er sie als „Familienähnlichkeiten". [Vgl. Wittgenstein (1967), S. 32.]

96 Vgl. Rosch (1975), S. 198ff.

97 Vgl. a.a.O., S. 200f.

Prototyps ist also nicht rein subjektspezifisch. Allerdings muss darauf verwiesen werden, dass Prototypen von Kultur zu Kultur divergieren können. So unterscheidet sich der hier gefilterte prototypische europäische Vogel *robin* sicherlich vom afrikanischen oder asiatischen Prototyp.

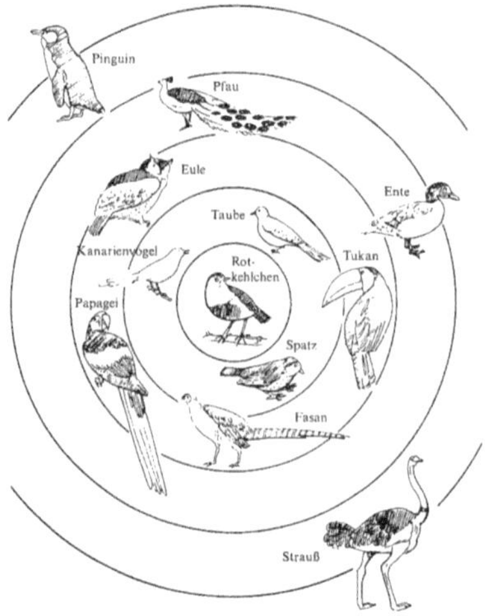

Abbildung 2.3: Abstufung der typischeren und untypischeren Vertreter der Kategorie „Vogel“ [Aitchison (1997), S. 68.]

Abbildung 2.3 zeigt eine mögliche Kategorienbildung des Begriffs „Vogel“. Als Merkmale des Prototyps „Rotkehlchen“ können „Federn“, „Flügel“, „Schnabel“, „Flugvermögen“ oder „klein“ genannt werden.[98] Taube und Spatz kommen diesen Merkmalen noch recht nahe, während der Pinguin und der Strauß nur wenige Merkmale abdecken, weshalb sie als „untypische“ Vögel bewertet werden.[99] Eine Kategorie hat demnach einen Kern, der durch den Proto-

98 Vgl. Aitchison (1997) S. 86.

99 Bei der Abgleichung von Merkmalen ist darauf zu verweisen, dass sie zum einen unscharf sind, es existieren also keine die Zuordnung klar definierenden Merkmale, und zum anderen auch instabil, sodass die Merkmale, welche eine Kategorie besonders repräsentieren, ziel- und kontextabhängig sind. [Vgl. Engelkamp / Zimmer (2006), S. 160ff.]

typ verkörpert wird, und unscharfe Ränder.[100] Es existieren jedoch nicht nur prototypische Objekte, sondern auch prototypische Handlungen, Verben oder motorische Abläufe. Tendenziell kann jede Art von Wissen aufgrund von Prototypen angeeignet werden.

Die Merkmalsemantik beschäftigt sich mit der Zerlegung von Bedeutungen sprachlicher Ausdrücke in Teilbedeutungen ähnlich der oben aufgeführten Merkmale und kann somit Kriterien für die Bestimmung des Begriffsumfangs liefern oder Bedeutungsunterschiede darlegen.[101] Als Beispiel führt Markus Steinbach den Begriff *Kater* mit den Merkmalen [+ belebt, – weiblich, – menschlich] in Abgrenzung zu dem Begriff *Katze* mit den Merkmalen [+ belebt, + weiblich, – menschlich] an.[102] Dass derartige Bedeutungsunterschiede auch für die Kontrastierung von Konzepten unterschiedlicher Sprachen nutzbar gemacht werden können, zeigt Manfred Kienpointner anhand der Wörter *edere* und *essen*. Für seine Ergänzung fordert *edere* nur das Merkmal [+ belebt]. Die Ergänzung des Verbs *essen* jedoch muss in der Regel auch das Merkmal [+ menschlich] besitzen.[103] Solch eine Kenntlichmachung der unterscheidenden Merkmale kann im Fremdsprachenunterricht hilfreich sein, um die Bedeutungsunterschiede von Wörtern zu verdeutlichen, die sich auf den ersten Blick scheinbar auf dasselbe Konzept beziehen, wie dies bei *edere* und *essen* der Fall ist.

Damit eine Verständigung nach außen mit anderen Individuen erfolgen kann, muss eine Versprachlichung in Form der Lexikalisierung[104] der Konzepte erfolgen. Dorothea Möhle definiert die

---

100 Vgl. Kußmaul (2010), S. 30.

101 Vgl. Steinbach (2007), S. 187.

102 Vgl. a.a.O., S. 186. Steinbach markiert die Merkmale durch Großschreibung. Um eine Verwechslung mit den Konzepten zu vermeiden, die in der vorliegenden Arbeit ebenfalls noch durch Großschreibung markiert werden, verwende ich hier ebenso wie Kienpointner die Kleinschreibung.

103 Vgl. Kienpointner (2010), S. 219f.

104 „Wird ihnen [den Konzepten] jedoch eine Wortform konventionellerweise zugeordnet, werden sie also lexikalisiert, so unterliegen sie nicht mehr nur den Erfordernissen der Kognition, sondern auch denen der Kommunikation und der grammatischen Strukturbildung. Das bedeutet, dass sie sozial akzeptiert und relativ stabil sein müssen und dass sie mit anderen lexikalisierten Konzepten strukturelle Beziehungen eingehen." [Scherfer (1994), S. 199.]

mentalen Konzepte folgendermaßen, wobei sie die Abgrenzung zu ihren Versprachlichungen deutlich macht:

> Die kognitiven Konzepte beruhen auf der Organisation von Erfahrungsinhalten zu mentalen Einheiten. Sie sind Grundeinheiten der mentalen Repräsentation. Sie sind, wie die Kognitionswissenschaft immer wieder betont, vage und haben eine individuelle Ausprägung. Die Einheiten der semantischen Organisation von Sprache dagegen sind überindividuell. Sie sind von ihrem Charakter her generalisierte und gesellschaftlich tradierte Kondensate kognitiver Konzepte. Ihre Funktion liegt in der Externalisierung individueller mentaler Repräsentationen.[105]

Wie vage und subjektiv diese Konzeptionen sein können, zeigt William Labov in seinem berühmten Tassen-Experiment. Den Versuchspersonen wurden Zeichnungen verschiedener Gefäße vorgelegt, die in Abbildung 2.4 (S. 47) zu sehen sind. Dabei sollten sie sich vorstellen, dass jemand die Gefäße in der Hand hält, einen Löffel darin rührt oder Kaffee daraus trinkt.[106] Es wurden zudem weitere kontextuelle Hintergrundinformationen genannt wie die Begriffe „Kartoffelpüree“ oder „Blumen“. Die Versuchspersonen erhielten dann die Aufgabe, die Zeichnungen zu benennen, wobei sie in Abhängigkeit von den zusätzlichen Informationen eher als Vase, Tasse oder Schale bewertet wurden.[107] Dies zeigt, dass Konzepte vor allem durch den Kontext statuiert werden. Aber auch unabhängig von den Kontexthinweisen fand eine unterschiedliche Klassifizierung durch die Individuen statt, da persönliche Vorerfahrungen die Wahrnehmung beeinflussen können.

2.2.4.1.2 Konzepte im Lateinunterricht

Im Rahmen des Lateinunterrichtes kommen zu den persönlichen Unterschieden noch kulturelle hinzu, die aufgrund des großen Zeitabstands zwischen der römischen und unserer heutigen Kultur schwerwiegender sind als solche beispielsweise innerhalb der

105 Möhle (1994), S. 43.
106 Vgl. Labov (1974), S. 355.
107 Vgl. a.a.O., S. 356ff.

Abbildung 2.4: Verschiedene tassenähnliche Objekte.[Labov (1974), S. 354.]

europäischen Lebensstile. So ist das deutsche Wort *Familie* sicher anders konnotiert als das italienische Wort *famiglia*, das oftmals einen größeren Personenkreis impliziert, und das lateinische Wort *familia* sondert sich bedeutungstechnisch von den anderen beiden am stärksten ab, da es neben den biologischen Familienmitgliedern auch noch Sklaven und gleichzeitig die *potestas* des *pater familias* über die restlichen Familienmitglieder, welche in dieser Form weder in dem Konzept der italienischen FAMIGLIA[108] noch in dem der deutschen FAMILIE enthalten ist, miteinbezieht. Hier liegen folglich ähnlich klingende Versprachlichungen von voneinander abweichenden mentalen Konzepten vor.[109]

Die Unabhängigkeit von Konzept und Lexikalisierung wird auch im Zuge des kindlichen Spracherwerbs deutlich. So hat ein Kind, das zu jedem Vogel „Taube" sagt, das Konzept VOGEL schon erworben, jedoch nicht die entsprechende Lexikalisierung.[110] Für den Fremdsprachenunterricht ist diese Trennung besonders bedeutsam. Das Beispiel der unterschiedlichen Konzeptionen von „Familie"

108 Im Folgenden werden Konzepte zur Kenntlichmachung in Großschreibung aufgeführt, um sie von den Wörtern im Sinne der lexikalischen Einheit zu unterscheiden.

109 Arthur Kracke bezeichnet das lateinische Wort *familia* sogar als unübersetzbar. [Vgl. Kracke (1952), S. 56.]

110 Vgl. Grande (2004), S. 13.

hat bereits gezeigt, dass eine Eins-zu-eins-Zuordnung von fremdsprachlicher Übertragung einer Lexikalisierung und eines Konzepts oftmals gar nicht möglich ist. Treten solche Fälle im Unterricht auf, ist darauf zu achten, dass diese Unterschiede eingehend elaboriert werden, um die Gefahr der Aktivierung von ähnlichen muttersprachlichen Konzepten abzuwenden, die sinnverzerrend wirken können. So liegt es beispielsweise auf der Hand, dass das Konzept, welches sich hinter dem lateinischen Wort *pater familias* verbirgt, erheblich von unserer Konzeption des FAMILIENVATERS abweicht. Ein Lateinschüler, dem dies jedoch nicht bewusst ist und der dem Ausdruck in einem Text begegnet, wird die deutschen Konzepte FAMILIE und VATER aktivieren, sie auf irgendeine Weise vereinen und somit eine falsche Vorstellung von PATER FAMILIAS entwickeln, was dazu führt, dass der Text unter Umständen falsch oder gar nicht verstanden wird. Überdies bietet eine eingehende Auseinandersetzung mit den verschiedenen Konzepten im Lateinunterricht einen Einblick in die kulturellen Differenzen, der noch weitere Fremdsprachen miteinbeziehen kann.

Es kommt jedoch auch vor, dass ein Konzept in der fremden, nicht jedoch in der Muttersprache existiert. Wird dieses zunächst unbekannte Konzept bildlich und umfassend eingeführt, erweist es sich als unproblematisch, da die Sprachlerner einfach ein neues Konzept anlegen können. Problematisch wird es allerdings, wenn das unbekannte Konzept mit einer unzureichenden Wortgleichung dargeboten und nicht weiter thematisiert wird. Als Beispiel sei das lateinische Wort *virtus* genannt, das oftmals mit deutschen Wörtern wie *Tugend, Tapferkeit* oder *Vortrefflichkeit*[111] angegeben wird. Diese drei Wortformen sind zwar Lexikalisierungen von „deutschen" Konzepten, von denen jedoch keines das römische Konzept VIRTUS gänzlich erfasst. Hier sollte zunächst das fremde Konzept erläutert werden, bevor es mit einer „falschen" Lexikalisierung betitelt wird. Wurde das fremdsprachliche Konzept nicht erfasst, findet oftmals eine bedeutungsleere Wiedergabe der deutschen Bedeutungsangabe statt.[112] Als positives Beispiel sei hier die Darstel-

111 Vgl. beispielsweise Westphalen [u.a.] (1995a), S. 223.

112 „Ein Wort ist eine Lautung, welche die Fähigkeit hat, ein Stück (außersprach-

lung des lateinischen Wortes *fides* von Eberhard Hermes und Horst Meusel aufgeführt (Abb. 2.5), welcher sie folgende Erklärung zufügen:

> Der Begriff der *fidēs* bezieht sich auf Vertragspartner verschiedener Art und meint eine „sittliche Bindung, die das Vertrauen des anderen begründet" (R. Heinze), sowie die daraus erwachsene moralische Verpflichtung. Als gesellschaftliche Norm begründet sie besonders die folgenden Beziehungen:[113]

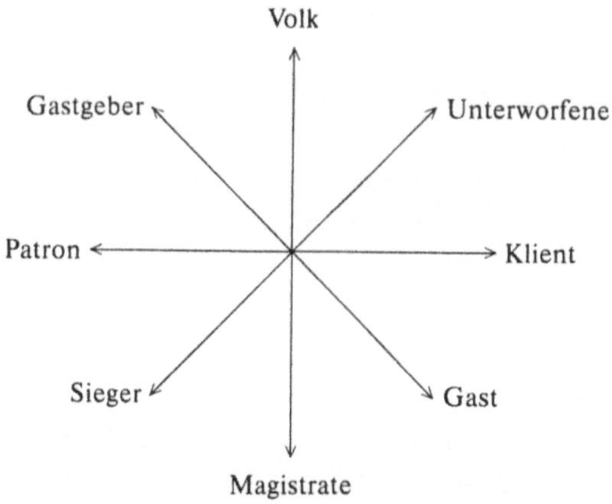

Abbildung 2.5: Darstellung der Beziehungen, die durch den Begriff *fides* geschaffen werden. [Hermes / Meusel (1993), Sachgruppe 77 (Ständische Ordnung).]

Durch eine derartige Darstellung werden auch die verschiedenen Bereiche des Konzepts deutlich, in diesem Fall im staatlichen, im kriegerischen und im häuslichen Kontext.

---

liche) Wirklichkeit zu meinen. Wir nennen diese Fähigkeit seine Bedeutung. Die Erlernung der lateinischen Vokabeln setzt daher die Kenntnis der Wirklichkeit voraus, die einst mit ihnen gemeint worden war [. . .] Es nützt also zum Verständnis lateinischer Texte wenig, wenn man lediglich zu einer lateinischen Lautung eine deutsche lernt." [Hermes (1967), S. 2.]

113 Hermes / Meusel (1993), Sachgruppe 77 (Ständische Ordnung).

Zusätzlich zur kulturellen Divergenz tritt noch das Problem auf, dass wir im Deutschen enger gefasste Konzeptionen gewöhnt sind, als sie im Lateinischen vorliegen. Arthur Kracke weist darauf hin, dass die lateinische Sprache viel ärmer an Wortstämmen ist als die deutsche, weshalb die meisten Wörter eine größere Anwendungsbreite besitzen und sich somit hinter einer Lexikalisierung eine größere Anzahl an Konzepten verbergen kann.[114] Verstärkt wird dieses Problem noch dadurch, dass ein lateinisches Wort in den Wortlisten der Schulbücher meist nur mit ein bis zwei unterschiedlichen Lexikalisierungen genannt wird. Dies erweckt bei den Schülern oftmals den falschen Eindruck, diese dargebotenen Lexikalisierungen würden das lateinische Konzept abdecken, und so geraten sie spätestens in der Lektürephase, wenn auch andere Bereiche des Konzepts auftreten als die in den Schulbüchern präsentierten, in Bedrängnis. Die vollständige Angabe der Bedeutung eines Wortes in den Lehrbüchern ist laut Stefan Stirnemann nicht möglich, die Kunst des Übersetzens bestehe aber darin, mit Hilfe allgemeiner Grundbedeutungen einen Zusammenhang zu verstehen und das, was man verstanden hat, in der eigenen Sprache möglichst klar auszudrücken.[115] Die Lösung des Problems liegt für Stirnemann in der Aufgabe des Lehrers, den Schülern zu vermitteln, von einer allzu bindenden Betrachtung der gegebenen deutschen Übersetzungen abzulassen und diese somit nicht als „randscharf", sondern als „kernprägnant" zu betrachten.[116] Dies bedeutet, dass es zwar eine Grundbedeutung gibt, diese aber nicht in jeder Situation greift und im textlichen Kontext gegebenenfalls abgewandelt werden muss.

2.2.4.1.3 Die Problematik deutscher Bedeutungsangaben

Hermann Steinthal spitzt das Problem der deutschen Bedeutungsangaben folgendermaßen zu:

---

114 Vgl. Kracke (1952), S. 56.

115 Vgl. Stirnemann (2009), S. 39.

116 Siehe dazu a.a.O., S. 38: „Schüler, die falsch angeleitet werden, fallen immer wieder in den Fehler, die Wörter, die sie im Sprachunterricht lernen müssen, als randscharf aufzufassen, während sie doch kernprägnant sind. Dem Wort der fremden Sprache wird dann eine scharf umrissene Bedeutung un-

> Man spricht bequemlichkeitshalber von der „deutschen Bedeutung“ eines lateinischen Wortes. Streng genommen ist das ein Unding. Ein lateinisches Wort hat keine deutsche Bedeutung, es hat auch keine lateinische Bedeutung, sondern es hat eine Bedeutung.[117]

Wenn einem lateinischen Konzept keine feste deutsche „Übersetzung“ zugeordnet werden kann, stellt sich die Frage, welche deutschen Wörter überhaupt in den Lehrbüchern angeboten werden sollen. Für Steinthal ist die Bedeutungsangabe mithilfe eines deutschen Wortes ein unentbehrliches Surrogat.[118] Raab schlägt die Angabe einer Grundbedeutung vor, von der aus die Übersetzung aller im Begriff enthaltenen Nuancen einigermaßen möglich ist.[119] Auch Wilhelm Lang fordert eine Grundbedeutung, wobei er weiter darauf aufmerksam macht, dass von mehreren deutschen Bedeutungen diejenige vorzuziehen sei, die der lateinischen Rektion entspreche: „Warum soll z.B. *iuvare* als ‚helfen‘ eingeübt werden, wo ‚unterstützen‘ denselben Dienst tut? Warum *persuadere* als ‚überzeugen‘, wenn wir mit ‚einreden‘ schneller zum Ziel kommen?“[120] Eine der Rektion angepasste Bedeutungsangabe kann im Zuge der späteren Übersetzung vermeiden, dass ein scheinbar „abweichender“ Kasus unerkannt bleibt und die Argumente des Verbs[121] nicht richtig zugeordnet werden.

Um den Schülern zu verdeutlichen, dass die Grundbedeutung im Kontext abgewandelt werden kann und muss, bietet es sich an, bei besonders bedeutungskomplexen Wörtern nach Darbietung der Grundbedeutung noch zwei bis drei weitere Sätze folgen zu lassen, in denen das Wort in einer abweichenden Bedeutung erscheint.[122] Auf diese Weise kann auch das von Königs angeführte

---

terstellt, die durch ein ebenso scharf umrissen verstandenes deutsches Wort wiedergegeben wird, dem es anscheinend genau entspricht.“

117 Steinthal (1971), S. 29.

118 Vgl. a.a.O., S. 30.

119 Vgl. Raab (1979), S. 246.

120 Lang (1968), S. 57f.

121 Zur Verbvalenz siehe Abschnitt 3.3.

122 Siehe dazu Raab (1979), S. 245f.: „Missverständnisse beim Erfassen der deutschen Bedeutung lassen sich weitgehend vermeiden, wenn das lateinische Wort im Anschluss an die Angabe der deutschen Wortbedeutung noch in

Problem der Eins-zu-eins-Entsprechungen vermieden werden, das entsteht, wenn ein Wort nur mit einer bestimmten Bedeutungsangabe gelernt wurde. Ist diese Bedeutungsangabe erst einmal internalisiert, hat sie bindenden Charakter und lässt nur schwer Abweichungen zu, sodass kontextuelle Varianten übergangen werden können.[123]

Ein weiteres wichtiges Kriterium für eine unverfängliche deutsche Bedeutung stellt ihr Vorkommen im aktiven muttersprachlichen Wortschatz der Lernenden dar. Steinthal nennt diesbezüglich dem Schüler nicht ganz vertraute Wörter wie *rechtschaffen* für *probus* oder *entbehren* für *carere* als gefährlich, da sie sich zwar unter Umständen im passiven Wortschatz der Schüler befinden und ihre Bedeutung deshalb nicht erfragt werde, ihnen das Wort aber dennoch unvertraut bleibe. Gänzlich unbekannte Wörter erweisen sich laut Steinthal somit als unproblematischer, da sich hier die Schüler oftmals nach den Bedeutungen erkundigen.[124] Dennoch sollten natürlich auch solche Angaben in den Lehrbüchern nicht übermäßig verwendet und zumindest durch eine weitere deutsche Bedeutungsangabe transparent gemacht werden. Ein gänzlicher Verzicht allerdings würde einem der Ziele des Lateinunterrichts, nämlich den muttersprachlichen Wortschatz und die damit verbundenen sprachlichen Kompetenzen zu erweitern, entgegenstehen.[125] Es ist zu erwarten, dass eine dem muttersprachlichen Wortschatz angepasste Bedeutungsangabe in einigen Fällen mit einer Angabe in Konflikt steht, die der Rektion des lateinischen Wortes entspricht. Eine Angabe wie ‚überzeugen‘ für das lateinische *persuadere* kann hinsichtlich der muttersprachlichen Bedeutung sicherlich einfacher

einen sprachlichen Kontext (Satz, Wendung, Phrase, geflügeltes Wort) gestellt wird. Dem Schüler wird dabei deutlich, dass das Wort im Kontext eine ganz spezielle Bedeutung erhält, die auch über die angegebene (zu lernende) Bedeutung hinausgehen kann."

123 Vgl. Königs (1986), S. 8.

124 Vgl. Steinthal (1971), S. 31.

125 Dieser Ansicht ist auch Steinthal. [Vgl. a.a.O., S. 32.] Dennoch mahnt er, das Problem der unbekannten Bedeutungsangaben nicht zu unterschätzen: „Der Wort-‚Schatz‘, den die Kinder aufsammeln, fließt dann nicht in den Sprachraum ein, in dem sie gewöhnlich verkehren, sondern in eine Art Dunkelkammer daneben, die sie nicht gern betreten und in der sie nichts sehen." [Ebd.]

von den Schülern erfasst werden als die von Lang vorgeschlagene Übertragung ‚einreden'. Hier ist in konkreten Fällen abzuwägen, welches Kriterium vorzuziehen ist.

2.2.4.1.4 Schemata

Konzepte treten üblicherweise nicht isoliert auf, sondern sind in bestimmten Handlungsschemata mit anderen Konzepten je nach Kontext unterschiedlich verbunden. Ebenso wie Konzepte werden auch Schemata idiosynkratisch erworben. Sie repräsentieren laut Norbert Seel das verallgemeinerbare und abstrakte Wissen einer Person, das sie aufgrund von vielfältigen Einzelerfahrungen mit Objekten, Personen, Situationen und Handlungen erworben hat und das ihr dabei hilft, Handlungen zu wiederholen und auf neue Inhalte anzuwenden.[126] Als Beispiel eines solchen Handlungsschemas nennt Monika Schwarz das Restaurant-Schema. Dieses besteht aus verschiedenen Szenen, wie etwa dem Bestellen, dem Kellner-Heranwinken, dem Studieren der Speisekarte, dem Essen oder dem Bezahlen und dem Geben des Trinkgeldes. Lesen wir nun einen Text wie „Jürgen besuchte ein Restaurant in Tunis. Der Kellner erhielt ein großzügiges Trinkgeld", so aktivieren wir automatisch das Restaurant-Schema mitsamt seiner beinhalteten Konzepte und verstehen den Satz mühelos, obwohl er vom Ablauf her große Lücken aufweist.[127] Aufgrund der Aktivierung des entsprechenden Schemas können wir diese Lücken mental füllen und verstehen, warum der Kellner Trinkgeld bekommen hat, da wir wissen, dass Jürgen bestellt, gegessen und gezahlt hat. Schwarz erklärt: „Die interkonzeptuellen Beziehungen stellen kognitive Strukturen dar, die Zusammenhänge eines Realitätsbereichs repräsentieren."[128]

Da Schemata aus Konzepten zusammengesetzt sind und idiosynkratisch erworben werden, wird schnell deutlich, dass auch sie kulturelle Unterschiede aufweisen. Allein das Restaurant-Schema kann schon dadurch verändert werden, dass in einigen Ländern keine Bedienung am Tisch, sondern am Tresen erfolgt oder die

---

126 Vgl. Seel (2003), S. 57.

127 Vgl. Schwarz (2008), S. 118f.

128 A.a.O., S. 115.

Vergabe von Trinkgeld untypisch ist. Eine ähnliche Problematik wie die der römischen Konzepte findet sich auch hier. Franz Peter Waiblinger greift in seinen Überlegungen bezüglich der Konzeption des Sprachunterrichts auf Grundlage psycholinguistischer Erkenntnisse das Restaurant-Schema auf, indem er anmerkt, dass ein Leser, der über dieses Schema nicht verfüge, bei einem solchen Text auf Kohärenzlücken stoße und somit den Text nur schwer verstehen könne. Ähnlich gehe es auch Lateinschülern, die keine Kenntnis der römischen Schemata besitzen. Als Beispiel nennt er das Ende der Satire 1,9 von Horaz, in der zu lesen ist: *„licet antestari?" ego vero / oppono auriculam. rapit in ius*[129] Ein römischer Leser, der das entsprechende Prozessschema besaß, verstand sofort, warum der Erzähler dem Prozessgegner sein Ohr zur Berührung hinhielt, für den durchschnittlichen Lateinschüler ist dies jedoch kaum verständlich.[130]

Nun sind lateinische Texte gespickt mit solchen Schemata, die heute nicht mehr vorliegen. Weiter merkt Waiblinger an, dass sich fehlende Schemata insofern verhängnisvoll auswirken, als der Leser ein ungeeignetes eigenkulturelles Schema aktiviere, wenn er kein adäquates fremdkulturelles besitze, sodass er eine verzerrende Textanpassung unternehme und einen Sinn herstelle, der eigentlich keiner sei.[131] Aus diesem Grund fordert Waiblinger dazu auf, zu Beginn des Lateinunterrichts zunächst nur solche Texte zu behandeln, die mit eigenkulturellen, den Schülern bereits vorliegenden Schemata verstanden werden können. Der Einfluss fremdkultureller Schemata könne dann langsam gesteigert werden.[132] An dieser Stelle wird die bereits genannte Notwendigkeit deutlich, die statistische Ermittlung zur Worthäufigkeit in der antiken Lektüre für solche Texte, die zunächst nur schülernahe Konzepte umfassen, zu erweitern.

Wortschatzarbeit gestaltet sich somit als Kulturarbeit, die im Lateinunterricht noch intensiver betrieben werden muss als in den modernen Fremdsprachen. Hier sind die fremden Schemata oft-

---

129 Hor. *sat.* 1,9,76f.

130 Vgl. Waiblinger (2001), S. 161.

131 Vgl. ebd.

132 Vgl. ebd.

mals durch Fernsehen oder Internet bekannt. Überdies werden sie auch leichter erlernt, da die Schüler einen stärkeren Selbstbezug hinsichtlich der Relevanz herstellen, indem sie erkennen, dass die Beherrschung der Schemata für die Kommunikation in einem anderen Land äußerst wichtig ist. Im Lateinunterricht hingegen muss das Interesse am Geschichtlichen und Kulturellen geweckt werden, um eine ähnliche intrinsische Bereitschaft zur Informationsaufnahme herzustellen.

2.2.4.2 Das Netzwerkmodell

Die Vorstellung eines mentalen Lexikons, das sich aus einer Vielzahl von miteinander verknüpften Informationen zusammensetzt, hat sogenannte Netzwerkmodelle hervorgebracht. Im Kontext dieser Netzwerkmodelle werden die bedeutungsspezifischen Relationen zwischen Konzepten unter anderem in Form von semantischen Netzwerken dargestellt. Sie verkörpern laut Dietrich Dörner den Versuch, Gedächtnisstrukturen qualitativ und zugleich formal zu beschreiben anstelle einer lediglich quantitativen Darstellung, die sich nach der Menge des abgespeicherten Materials richtet.[133] Neben den Relationen der semantischen Informationen muss überdies auch ihr Zugriff und Abruf durch das Netzwerkmodell erklärt werden können, wobei sich vor allem konnektionistische Modelle durchgesetzt haben. Sie stellen die semantischen Informationen in Form von Knoten dar, deren Beziehungen durch Verbindungen ausgedrückt werden. Veränderungen und Verstärkungen dieser Verbindungen sind aufgrund von Lernprozessen möglich. Da diese Modelle als Vorbild die vernetzten Nervenzellen zur Informationsverarbeitung im Gehirn nutzen, soll zunächst ein kurzer Einblick in die Neurobiologie gegeben werden.

2.2.4.2.1 Informationsverarbeitung neuronaler Netze

Die Neurobiologie betrachtet den menschlichen Geist als ein Netzwerk von Neuronen, in dem aufgenommene Informationen paral-

133 Vgl. Dörner (1996), S. 167.

lel verarbeitet werden.[134] Die Verbindung zweier Neuronen besteht in Form von Synapsen[135] und wird durch häufige gemeinsame Aktivierung verstärkt. Für ein Neuron werden zwei mögliche Zustände angenommen, ein ruhender und ein aktivierter. Jedes Neuron besitzt einen bestimmten Schwellenwert an Aktivierung, der überschritten werden muss, damit es ein empfangenes Signal an andere Neuronen weiterleiten kann. Die Weitergabe von Informationen erfolgt, indem das Neuron einen chemischen Botenstoff an das andere übergibt, der zu einer kurzzeitigen Veränderung der elektrischen Erregbarkeit führt und ein „Feuern" des anderen Neurons auslöst.[136] Wenn zwei Neuronen häufig gleichzeitig aktiviert werden, verstärkt sich die Verbindung zwischen ihnen und die Wahrscheinlichkeit steigt, dass bei Aktivierung eines Neurons das verbundene ko-aktiviert wird. Dies gilt auch für mehr als zwei Neuronen. Eine Verschaltung mehrerer Neuronen untereinander aufgrund häufiger gemeinsamer Aktivierung bildet sogenannte Aktivierungsmuster. Sind genügend Neuronen in einem solchen Muster aktiviert, dann zündet das ganze Muster, sodass alle beteiligten Neuronen eine Aktivierung erfahren. Auf diese Weise können auch fehlende Informationen abgerufen werden, die im Aktivierungsmuster integriert sind.[137] Die beschriebene Weiterleitung von Aktivierung, die hier gleichzeitig auf unzählige Neuronen übertragen werden kann, wird auch Aktivierungsausbreitung genannt und findet im Kontext der semantischen Netzwerke ebenfalls Anwendung.[138] Im Folgenden soll eine solche Analogie der neurobiologischen Aktivierungsausbreitung im Rahmen der *Spreading-Activation*-Theorie von Collins und Loftus dargestellt werden.

---

134 Vgl. Costa (2010), S. 93f.

135 Ein Neuron trägt einige Tausend Synapsen auf der Oberfläche, mit denen es seine Nachbarn erregt, und ebenso viele, durch die es wiederum von seinen Nachbarn erregt wird. [Vgl. Braitenberg / Pulvermüller (1992), S. 105.] Somit wird deutlich, wie vielschichtig man sich das neuronale Netzwerk vorstellen muss.

136 Vgl. Breitenstein (2012), S. 407.

137 Vgl. Costa (2010), S. 96f.

138 Vgl. Schermer (2006), S. 152.

2.2.4.2.2 Die *Spreading-Activation*-Theorie

Collins und Loftus ersetzen in ihrer *Spreading-Activation*-Theorie[139] die Neuronen durch Konzepte und die Synapsen durch relationale Verbindungen zwischen diesen. Den Verbindungen wird an dieser Stelle folglich eine Funktion zuerkannt, während sie im neuronalen Netzwerk lediglich der Aktivationsübermittlung dienen.[140] Dennoch sind auch die Verbindungen im semantischen Netzwerk laut Collins und Loftus für die Weitergabe von Aktivierung verantwortlich: „The spread of activation constantly expands, first to all these nodes linked to the first node, then to all the nodes linked to each of the nodes, and so on."[141]

Aufgrund dieser Anlehnung an biologisch beobachtbare Prozesse erweist sich die Theorie der *Spreading Activation* als Erklärung für Sprachverarbeitung in Bezug auf das mentale Lexikon als recht realistisch.[142] Abbildung 2.6 zeigt eine mögliche Vernetzung von Begriffen im Sinne der Theorie. Enge Verbindungen werden durch kurze Linien symbolisiert, wobei diese Verbindungen sowohl durch Nutzungshäufigkeit als auch durch semantische Komplexität verstärkt werden können.[143] Analog zum Frequenzeffekt der Neuronen geht man auch hier davon aus, dass der Aktivierungszustand eines Knotens mit der Häufigkeit seiner Aktivierung steigt.

Anders als bei der Spurenzerfallstheorie wird nun das Vergessen auf eine unzureichende oder zu schwache Bindung eines Konzepts mit anderen Konzepten zurückgeführt. Durch wiederholte gleichzeitige Aktivierung kann eine Stärkung der Bindungen statt-

---

139 Das *Spreading-Activation*-Modell stellt eine Weiterentwicklung des Netzwerkmodells von Collins und Quillian dar, welches als das erste Netzwerkmodell zur Darstellung von semantischen Gedächtnisinhalten gilt. Collins und Quillian gehen allerdings noch von einer hierarchischen Strukturierung aus, in der Informationen durch Hyperonymie vererbt werden und nicht direkt miteinander verknüpft sind. Hier wird ein längerer Verarbeitungsprozess auf die Entfernung zwischen Hyperonym und Hyponym zurückgeführt. [Vgl. Collins / Quillian (1969).]

140 Vgl. Schermer (2006), S. 154.

141 Collins / Loftus (1975) S. 408.

142 Vgl. Aitchison (1997), S. 270.

143 Vgl. Collins / Loftus (1975), S. 411f.: „[S]emantic relatedness is based on an aggregate of the interconnections between two concepts."

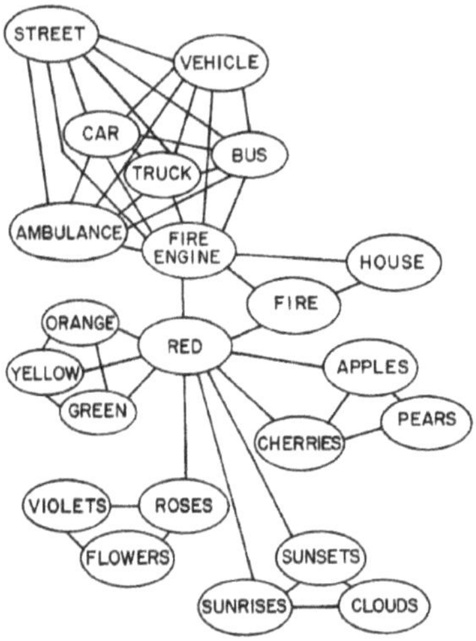

Abbildung 2.6: Schematische Repräsentation der Konzeptrelationen im Rahmen der *Spreading-Activation*-Theorie von Collins und Loftus. [Collins / Loftus (1975), S. 412.]

finden. Auch wird deutlich, warum ein Wort, das vor einem semantisch reichhaltigen Hintergrund erworben wurde, besser abgerufen werden kann, wie Craik und Tulving in ihrem Experiment zeigen: Durch den semantischen Kontext gewinnt es viele Anknüpfungsmöglichkeiten an andere Konzepte und somit steigt auch die Wahrscheinlichkeit, dass es im Rahmen der Aktivierung eines dieser Konzepte ko-aktiviert wird. Dies wurde vor allem durch die Effektivität des *cued recall* in Form der Darbietung der Satzrahmen als Gedächtnishilfe deutlich.

2.2.4.2.3 Semantische Relationen im Netzwerk

Die Relationen zwischen den Konzepten, die bei Collins und Loftus als Verbindungslinien dargestellt sind, entstehen infolge von Assoziationen. Norbert Schmitt bemerkt, dass verschiedene Formen solcher Verbindungen existieren können, wobei für die Wortschatzarbeit die klanglichen, die syntagmatischen und die paradigmatischen Assoziationen die wichtigsten seien.[144] Klangliche Assoziationen beruhen auf ähnlichen phonologischen oder graphemischen Strukturen wie beispielsweise *templum – exemplum*. Auch wenn die auf diese Art und Weise verbundenen Einheiten keine semantischen Ähnlichkeiten aufweisen, findet diese Assoziationsart hier Erwähnung, da sie gerade für den Fremdsprachenunterricht große Relevanz besitzt, wie im weiteren Verlauf noch gezeigt wird. Syntagmatische Assoziationen entstehen aufgrund von sequenziellen Verbindungen, die häufig nebeneinander auftreten und somit vorhersehbar sind wie beispielsweise *ius dicere* oder *castra movere*. Hierunter fallen demnach auch feste Redewendungen. Paradigmatische Assoziationen verbinden Wörter, die basierend auf der syntagmatischen Struktur austauschbar sind und somit derselben Wortart angehören, wie etwa *homo, vir, senator, deus* und *iudex* in Abbildung 2.7.

Den syntagmatischen und paradigmatischen Relationen sind weitere Verbindungsarten untergeordnet, von denen einige in Abbildung 2.8 (S. 61) aufgeführt sind: Neben paradigmatischen Beziehungen wie Hyperonymie und Hyponymie (Vogel – Gans) oder Kohyponymie (Kuh – Hund – Wal) finden sich auch eine syntagmatische Kollokation (Banane – gelb) und eine attributive Relation (kann fliegen – Rotkehlchen). Solche semantisch verknüpften Einheiten werden Konjunkte[145] genannt, wobei noch weitere Relationen existieren wie etwa Synonymie oder Antonymie. Konjunkte können jedoch auch aufgrund von idiosynkratischen, persönlichen Assoziation gebildet werden, die nach keiner semantischen Regelhaftigkeit bestimmbar sind und auch nicht auf klanglicher Ähnlichkeit beruhen. Basierend auf derartigen Wortassoziationsexperimenten nennt Jean Aitchison als wichtigste Verbindungsart zwischen Konjunkten in der Muttersprache die Koordination, Kol-

---

144 Vgl. Schmitt (2000), S. 39. Diese Assoziationsarten können infolge von Assoziationsexperimenten ermittelt werden. Im Rahmen der Assoziationsmethode, die dem Feld der Psychologie entstammt, wird der Versuchsperson ein Stimuluswort präsentiert, auf das sie mit dem ersten Wort reagieren soll, welches ihr dazu einfällt. [A.a.O., S. 38.]

145 Vgl. Aitchison (1997), S. 111.

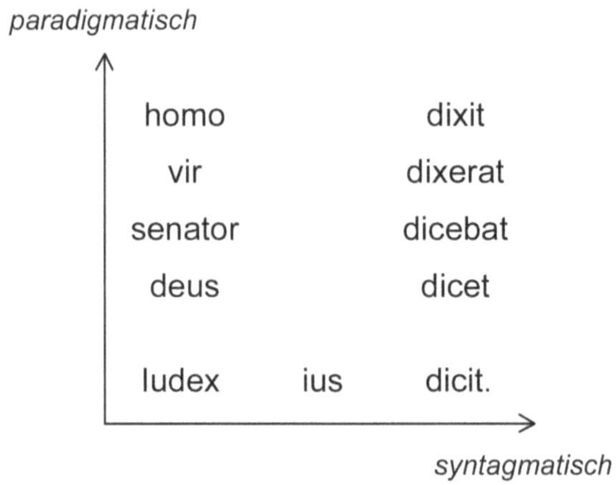

Abbildung 2.7: Darstellung der Relationen von paradigmatischen und syntagmatischen Beziehungen. [eigene Darstellung]

lokation, Überordnung und Synonymie.[146] Semantische Versprecher belegen diese Hierarchisierung, da zumeist koordinierte Begriffe vertauscht werden.[147] Überdies merkt Aitchison an, dass Wortbedeutungen im Rahmen des natürlichen Spracherwerbs vermutlich gelernt werden, indem man sich Begleitwörter merkt,[148] also in Form von Kollokationen auf syntagmatischer Ebene.

Was den Fremdsprachenerwerb betrifft, so zeigen Assoziationsexperimente in der Zielsprache, dass bei Sprachanfängern klangliche Assoziationen einen größeren Raum einnehmen als bei Muttersprachlern. Erst mit steigender Beherrschung der Fremdsprache nähern sich ihre Assoziationsarten denen der Muttersprachler an.[149] Dies kann unter anderem auf den zunächst recht kleinen Wortschatz mit geringer ausgeprägten Relationen zurück-

---

146 Vgl. a.a.O., S. 108.

147 Zum Beispiel *links* statt *rechts* oder *Bruder* statt *Schwester*. [Vgl. a.a.O., S. 109ff.]

148 Vgl. a.a.O., S. 114.

149 Vgl. Schmitt (2000), S. 41.

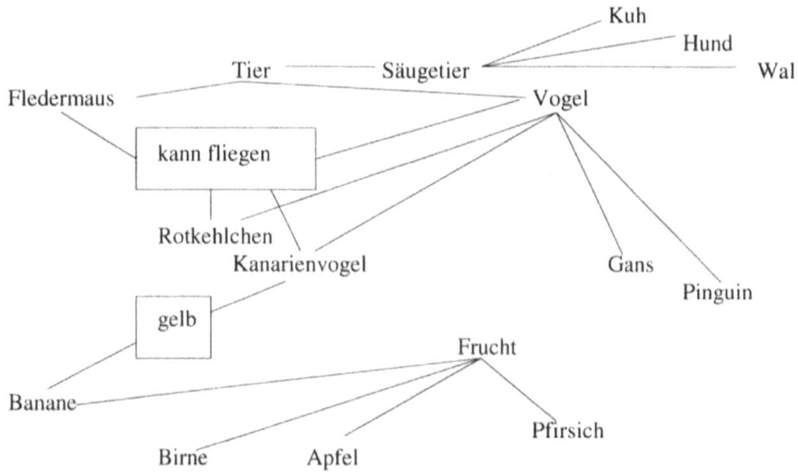

Abbildung 2.8: Mögliche Darstellung von Begriffen und ihren semantischen Relationen. [Lukesch (2001), S. 128.]

geführt werden, der weniger Anknüpfungsmöglichkeiten bereitstellt.[150] Die anfänglich überwiegend klangliche Assoziation ist hinsichtlich der Methodik im Fremdsprachenunterricht jedoch nicht zu vernachlässigen. Wie bereits von Craik und Lockhart gezeigt, ist eine phonetische Kodierung weniger effektiv als eine semantische. Somit sollten die Lerner dazu veranlasst werden, gerade am Anfang Worte auch immer semantisch zu verknüpfen, um eine niedrigere Verarbeitung auf lediglich phonetischer Ebene zu vermeiden. Diese steigert nämlich auch die Interferenzgefahr, da das klanglich assoziierte Wort meist mit einer gänzlich anderen Bedeutung verbunden ist. Die anderen beiden Assoziationsarten hingegen sollten als Darbietungsformen von Wortschatz verstärkt in der Praxis in Abgrenzung zu der isolierten Wortpräsentation Anwendung finden, da sie zum einen an den muttersprachlichen Erwerb angelehnt sind und zum anderen das Erinnern durch feste semantische Netze, die Aktivierungsmustern gleichen, unterstützen.

150 Vgl. ebd.

Natürlich darf das semantische Netzwerk im Gedächtnis nicht isoliert betrachtet werden und die Inhalte der anderen mentalen Teillexika wie Laut- oder Schriftbild und grammatikalische oder morphologische Informationen sollten immer Einbindung in die Wortschatzarbeit finden. Im Rahmen der semantischen Relationen bietet sich auch die Gelegenheit, Wortfamilien zu veranschaulichen, wie in Abbildung 2.9 gezeigt:

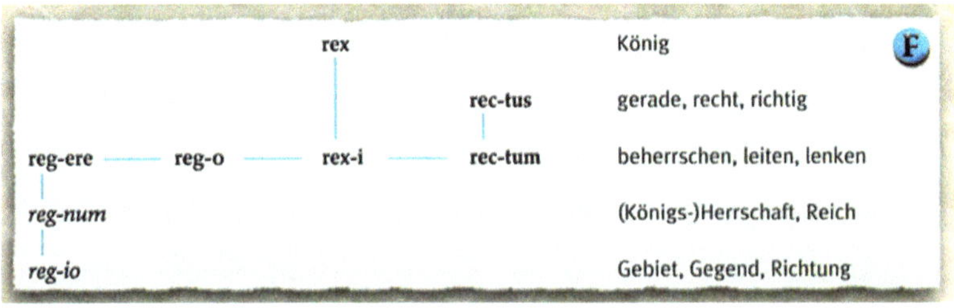

Abbildung 2.9: Darstellung einer Wortfamilie ausgehend von *regere*. [Utz (2013), S. 128.]

Solch eine Darstellung bietet mehrere Vorteile. Zum einen erleichtert sie das Lernen der verschiedenen Begriffe, da sie aufgrund ihrer visuellen und semantischen Ähnlichkeiten im semantischen Netzwerk stärker miteinander verbunden werden können. Überdies werden die Funktionen der Wortendungen sehr deutlich und können die theoretische Wortbildungslehre praktisch unterstützen, vor allem, wenn die Schüler dazu angehalten werden, selbst derartige Netze zu erstellen. Zudem ist eine Erweiterung um andere Sprachen denkbar, in diesem Fall könnten Wörter wie *regieren* (dt.), *régner* (franz.) oder *reign* (engl.) angefügt werden. Aber auch persönliche Assoziationen der Schüler sollten genutzt und gefördert werden, da sie aufgrund des Selbstbezugseffekts sehr effektiv sind.

2.2.4.3 Das mehrsprachige mentale Lexikon

Es wurden bereits einige Annahmen über die Unterschiede des muttersprachlichen und fremdsprachlichen Wortschatzerwerbs erwähnt, wie beispielsweise die anfänglich verstärkten klanglichen Assoziationen bei letzterem, der Einfluss des bestehenden Systems der Muttersprache auf weitere Fremdsprachen und auch die Erweiterung oder Neuschaffung von Konzepten, die in der Muttersprache gar nicht oder in abweichender Form vorhanden sind.

Zur Frage, wie das mentale Lexikon einer zwei- oder mehrsprachigen Person genau strukturiert ist, ob es in Form eines integrierten Netzwerks besteht oder ob mehrere Subnetze nebeneinander existieren, sind eine Reihe von Modellen entwickelt worden, wobei anzumerken ist, dass diese überwiegend von einer oder mehreren modernen Fremdsprachen ausgehen und somit auch die aktive Sprachproduktion bei dem Aufbau und der Festigung der Netzwerke berücksichtigen. Für die Strukturierung des mentalen Lexikons eines Lateinschülers, dessen Lernverhalten die Produktion weitestgehend außer Acht lässt, müssen folglich abweichende Strukturen angenommen werden. Daher sollen im Folgenden zunächst allgemeine Überlegungen zum mehrsprachigen mentalen Lexikon stattfinden, die anschließend für die Sprachrezeption überdacht werden. Ich reduziere meine Betrachtung auf Modelle, welche die Speicherung von Konzepten miteinbeziehen, da diese, wie bereits gezeigt, im Lateinunterricht aufgrund der zeitlich und kulturell bedingten Unterschiede besonders bedeutsam sind.

Das *Revised Hierarchical Model* von Judith Kroll und Erika Stewart geht davon aus, dass die Wörter jeder Sprache in einem separaten Lexikon gespeichert sind, während Konzepte in einem abstrakten Gedächtnissystem gemeinsam für beide Sprachen vorliegen.[151] Beide Verbindungen, die lexikalischen und die konzeptuellen, sind aktiv, aber die Stärke der Verbindungen unterscheidet sich in Abhängigkeit von der Sprachkompetenz der L2[152] und dem dominierenden Einfluss der L1 auf die L2.[153] Dies stützen Kroll und Stewart durch die Annahme, dass mehrsprachige Individuen länger für die Übersetzung von der L1 in die L2 als andersherum benötigen. Sie stellen die Hypothese auf, dass zwei Wege der Übersetzung existieren: Die Übersetzung der L2 nach L1 vollzieht sich auf einer

151 Vgl. Kroll / Stewart (1994), S. 150.

152 „L2" steht hier nach linguistischem Sprachgebrauch – und abweichend von der Terminologie der Lateindidaktik – für „second language" und „L1" für „first language".

153 Vgl. a.a.O., S. 157.

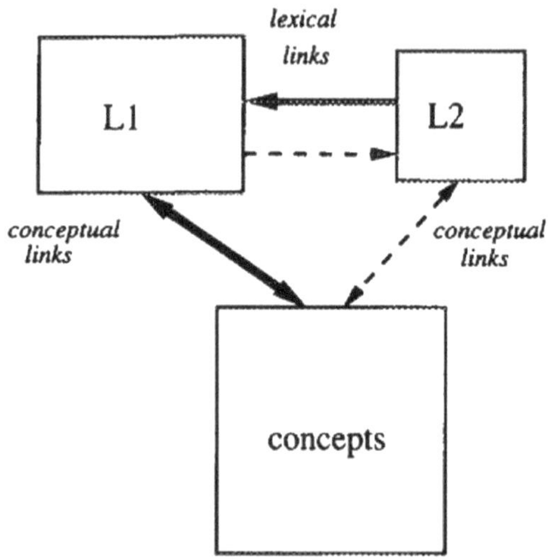

Abbildung 2.10: Das *Revised Hierarchical Model* von Kroll und Stewart. [Kroll / Stewart 1994, S. 158.]

lexikalischen Basis, da fremdsprachliche Wörter immer auch eng an die muttersprachlichen Entsprechungen gekoppelt sind, während die Übersetzung von L1 nach L2 eine Vermittlung auf konzeptueller Basis benötigt.[154] Hier müssen Begriff und Form in der Zweitsprache aktiviert werden.[155] Diese konzeptuelle Vermittlung nimmt einen längeren Zeitraum ein, was Kroll und Stewart darauf zurückführen, dass lexikalische Assoziationen von L2 nach L1 als stärker angenommen werden als die von L1 nach L2, da die Richtung von L2 nach L1 die ist, in welcher der Sprachlerner zunächst die Übersetzung von neuen L2-Wörtern erwirbt. Die Verbindung zwischen Wort und Konzept erweist sich dabei als stärker für L1 als für L2.[156]

154 Vgl. ebd.

155 Vgl. Lutjeharms (2003), S. 132.

156 Vgl. Kroll / Stewart (1994), S. 158.

Beginnt der Lerner also mit dem Erwerb einer neuen Sprache, fügt er die gelernten Wörter der Zweitsprache in das bestehende muttersprachliche System ein, wo bereits eine starke Verbindung zwischen Wörtern und Konzepten vorliegt. Beherrscht das Individuum die Sprache besser, schließt es auch direkte Verbindungen zum konzeptuellen System, wobei Kroll und Stewart anmerken, dass die lexikalischen Verbindungen dennoch bestehen bleiben, auch wenn die konzeptuellen bereits etabliert worden sind.[157]

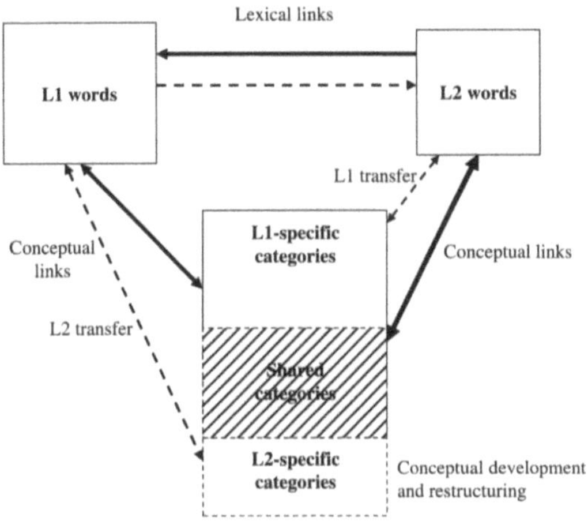

Abbildung 2.11: *Modified Hierarchical Model.* [Pavlenko (2009), S. 147.]

Einen wichtigen Aspekt übergeht das Modell allerdings, indem es die Konzepte in einem universalen Speicher für alle Sprachen unterbringt. Wie bereits gezeigt, können Konzepte in verschiedenen Sprachen abweichen oder sogar nur in einer existieren. Um dieses Problem zu umgehen, schlägt Aneta Pavlenko das *Modified Hierarchical Model* vor, welches die Entwicklung von lexikalischer zu konzeptueller Ebene im Rahmen der Übersetzung von L2 nach L1 beibehält, die auf steigender Sprachkompetenz in der L2 basiert, aber darüber hinaus auch ungeteilte (also gänzlich sprachspezifische), geteilte oder nur teilweise geteilte Konzepte miteinbezieht.[158]

157 Vgl. Kroll / Stewart (1994), S. 157.

158 Vgl. Pavlenko (2009), S. 146.

Im Lateinunterricht bleibt der Weg über die konzeptuelle Ebene meist aus, sodass nur eine lexikalische Route von L2 nach L1 eingeschlagen wird. Ein isolierter L2-Gebrauch findet somit nicht statt und die lexikalischen Verbindungen bleiben dominierend. Die fremdkulturellen Konzepte betreffend bedeutet dies, dass hier die bereits bestehenden, muttersprachlichen Konzepte immer die Rezeption der Zielsprache beeinflussen. Es sind jedoch nicht nur semantische, sondern auch morphologische und syntaktische Informationen mit einem eingehenden Graphem verbunden. Erweitert man das hier dargestellte Modell um diese Faktoren, sodass auch morphologische und syntaktische Gegebenheiten immer erst mit der Muttersprache abgeglichen und nicht frei aus dem morphosyntaktischen Speicher heraus generiert werden, zeigt sich in diesen Bereichen eine ähnliche Dominanz der Muttersprache.

Nan Jiang beschreibt den Erwerb eines fremdsprachlichen Wortes als mehrstufigen Prozess, in dem neue Informationen zunächst stark an die Muttersprache angelehnt werden, sich dann langsam mit steigender Kompetenz abkoppeln und die letzte Stufe schließlich darin besteht, dass die zielsprachliche Form mitsamt ihren syntaktischen, morphologischen, semantischen und weiteren Eigenschaften in einem Eintrag vorliegen.[159] In Anlehnung an das *Modified Hierarchical Model* kann man also annehmen, dass auch grammatikalische Informationen ohne freie Generierung stark von der Muttersprache abhängig bleiben und die Erstellung eines Eintrags, der alle das Wort betreffende Informationen umfasst, hinauszögert. Die Effizienz der freien Generierung, die hier deutlich wird, soll in Abschnitt 2.3 noch näher ausgeführt werden. An dieser Stelle sei lediglich darauf hingewiesen, dass somit im Lateinunterricht verstärkt auf die kulturell divergierenden Konzepte und sprachbedingten grammatikalischen Unterschiede verwiesen werden muss, da sich eine Abkopplung der konzeptuellen und grammatikalischen Speicher durch fehlende Generierung, wenn überhaupt, langsamer vollzieht.

Bei all diesen Modellen muss jedoch beachtet werden, dass das mentale Lexikon oftmals mehr als nur zwei Sprachen umfasst. So-

---

159 Vgl. Jiang (2000), S. 50–54.

mit dienen weitere vom Individuum beherrschte Fremdsprachen ebenfalls als mögliche Anknüpfungspunkte für einen vorläufigen Eintrag des zu lernenden Wortes, wodurch das mehrsprachige Lexikon noch mehrdimensionaler und vielschichtiger wird, als in den erwähnten Modellen dargestellt. Für die lateinische Sprache sind besonders romanische Sprachen wie Französisch, Italienisch oder Spanisch aufgrund der formalen Nähe relevant. Hinsichtlich der bestehenden Informationen weiterer Fremdsprachen gilt ebenso wie für die der Muttersprache, dass sie genutzt werden sollten, aber sinnverzerrende Ähnlichkeiten aufgrund nicht augenscheinlicher Differenzen ausreichend thematisiert werden müssen.

2.3 Exkurs: Sprachproduktion aus neurobiologischer Sicht

Die Neurobiologie nimmt an, dass im Zuge der Sprachrezeption nicht nur semantische Informationen abgerufen werden, sondern auch visuelle, auditive, motorische und noch weitere. Je stärker diese Ebenen mit einem eingehenden Reiz, sei er visuell oder auditiv, verknüpft sind, desto besser wird er erkannt. Denn nicht nur die Frequenz des Abrufens und der damit einhergehende Einfluss auf die neuronalen Verbindungen, sondern auch die Komplexität dieser Verbindungen fördert die Erkennensleistung, da somit größere Aktivierungsmuster entstehen können. Der folgende Exkurs in die Neurobiologie soll verdeutlichen, dass eine solche Komplexität besonders im Rahmen der Sprachproduktion erfolgen kann und sich die bloße Sprachrezeption hierfür als weniger effektiv erweist.

Um zu verdeutlichen, wie beide Hemisphären des Gehirns bei Sprachmechanismen miteinander interagieren, sprechen Friedemann Pulvermüller und Bettina Mohr von der Metapher der *transcortical cell assembly*.[160] Dabei definieren sie diese *cell assembly* als eine Gruppe von Neuronen, die stark und reziprok miteinander verbunden sind und im Sinne der *Spreading-Activation*-Theorie aufgrund einer frequentierten Ko-Aktivierung von Neuronen entstehen, ähnlich wie die neuronalen Aktivierungsmuster. Somit findet

160 Vgl. Pulvermüller / Mohr (1996), S. 558.

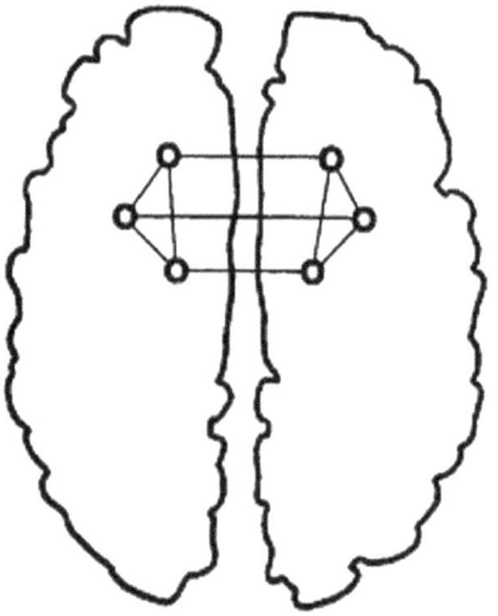

Abbildung 2.12: Vereinfachte Darstellung einer *transcortical cell assembly*. Die kleinen Kreise stellen lokale Gruppen von Neuronen dar, während die Linien die Verbindungen zwischen diesen Gruppen verkörpern. [Pulvermüller / Mohr (1996), S. 558.]

eine Aktivierung aller einer spezifischen *cell assembly* zugehörigen Neuronen statt, auch wenn nur einige unter ihnen infolge eingehender Reize erregt werden.[161] Im Zuge des kindlichen Spracherwerbs werden solche *cell assemblies* gebildet, wenn ein Kind ein Wort in seiner Sprache ausspricht. In diesem Fall werden Neuronen in den motorischen Regionen des Kortex gleichzeitig mit Neuronen des auditorischen Kortex aktiviert, indem sie auf die infolge der selbstgenerierten Artikulation entstandenen Geräusche reagieren. Die Ausbildung einer *cell assembly* kann jedoch erst durch wiederholte Aktivierung der genannten Bereiche entstehen und ist somit nur bei frequent produzierten Wörtern zu beobachten.[162] Somit sind die Phoneme im Gehirn durch kleine *cell assemblies* dargestellt, die einen sensorischen und einen motorischen Teil besitzen.[163] Bei

161 Vgl. ebd.

162 Vgl. Braitenberg / Pulvermüller (1992), S. 108

163 Vgl. ebd.

auditiver Rezeption eines Wortes wird in entgegengesetzte Richtung der motorische Teil des Gehirns mitaktiviert, auch wenn sich die Artikulationsorgane nicht bewegen.

Der motorische und der sensorische Teil sind darüber hinaus auch mit semantischen und weiteren Informationen wie etwa graphemischen Merkmalen eines eingehenden Reizes verbunden. Wenn ein Wort gelesen wird, kann es vorkommen, dass der semantische Aspekt zunächst nicht aktiviert wird, vielleicht, weil die Verbindung zwischen Graphem und Bedeutung nicht stark genug ist, durch die häufige Aussprache des Wortes jedoch ein relativ komplexes Aktivierungsmuster infolge der Verbindung von auditiver und motorischer Aktion erworben wurde. Werden also durch das Lesen des Wortes das Klangmuster oder die motorische Bewegung mitaktiviert, findet eine Aktivierung des ganzen Musters und somit auch der semantischen Bedeutung statt. Wird ein Wort primär nur visuell erworben, gestaltet sich dieses Aktivierungsmuster als weniger ausgeprägt und die Ko-Aktivierung der semantischen Komponente ist unwahrscheinlicher. Dass ein Wort nur auditiv erworben werden muss, wenn es auch auditiv erkannt werden soll, und nur motorisch, wenn es auch produktiven Zwecken dient, erweist sich somit als Trugschluss. Auch die Wiedererkennungsleistung von Wörtern, deren Bedeutung lediglich rezeptiv abgerufen werden soll, kann durch Aussprache erhöht werden.

Für den Lateinunterricht bedeutet dies, dass ein bloßes Abfragen der Vokabeln durch den Lehrer nur Bedeutung und Audition aktiviert, nicht aber den motorischen Bereich. Auch das laute Lesen eines zu übersetzenden Textes genügt meist nicht. Faktoren wie die Komplexität der Wortfolge, Endungen oder die Fokussierung auf die richtige Aussprache können ablenkend wirken, sodass eine Konzentration auf semantische Inhalte und deren Verknüpfung mit dem Klangbild nicht so effektiv erfolgen kann.

Die Bildung und Verkettung von *cell assemblies* beschränkt sich jedoch nicht nur auf die Aussprache eines Wortes, sondern kann auch auf Morphem- oder Satzebene stattfinden. Bei dem Erwerb von Morphemen unterscheiden Valentino Braitenberg und Pulvermüller zwischen Inhaltsmorphemen (*Apfel, schön, komm*), die eng mit Gegenständen, Tätigkeiten oder Eigenschaften von Gegenständen zusammenhängen, und Funktionsmorphemen (*sein, der*), die isoliert keinen Sinn transportieren.[164] Infolge des Erwerbs eines Inhaltsmorphems ist es wahrscheinlich, dass seine Silbenrepräsentation neuronal mit weiteren Bereichen des Gehirns assoziativ gekoppelt wird, etwa die Silbenrepräsentation des Wortes *Schmerz* mit dem neuronalen Programm für das natürliche Benehmen bei Schmerz.[165] Denkbar ist weiterhin auch eine Koppelung an ein bildliches neuronales Programm, besonders bei Konkreta. Haben wir es jedoch mit Funktionsmorphemen zu tun, so liegen solche Anknüpfungsmöglichkeiten nicht vor, eine Verbindung ist nur mit anderen Funktionsmorphemen oder mit Inhaltsmorphemen möglich:

> Die Bedeutung eines solchen Funktionsmorphems oder besser die Regeln, die seinen Gebrauch bestimmen, ergeben sich einerseits zwar aus Korrelationen mit bestimmten Inhaltsmorphemen („das" geht mit „Haus", „Kind", „Bad", „die" geht mit „Kirche", „Tante", „Wanne"), aber, noch wichtiger, auch aus den Regeln des Gebrauchs verschiedener Funktionswörter nacheinander („entweder" verlangt irgendwann nach „oder", der Artikel „des" zieht in fast allen Fällen ein „s" oder eine andere Genitivendung nach sich).[166]

Somit sollten Funktionsmorpheme immer zusammen mit konkreten Bezugswörtern produziert und gelernt werden, damit auch hier entsprechende Aktivierungsmuster gebildet werden können, die später das Erkennen der Beziehungen zwischen den Wörtern, die im Text vorliegen, unterstützen.

Auch bei der Satzproduktion haben wir es mit motorischen und sprachlichen Bereichen des menschlichen Gehirns zu tun. Gary Dell hat in seinen Betrachtungen die Satzproduktion mit der *Spreading-Activation*-Theorie verbunden, wobei er erstere als Vorgang auffasst, der sowohl auf konzeptueller und phonetischer als auch

---

164 Vgl. Braitenberg / Pulvermüller (1992), S. 111. Sie weisen allerdings auch darauf hin, dass Morpheme existieren, deren Zuordnung zu einer der beiden Klassen nicht eindeutig erfolgen kann.

165 Vgl. a.a.O., S. 112.

166 Ebd.

auf motorischer Ebene stattfindet.[167] Er geht dabei von drei Enkodierungsebenen aus. Die erste bezeichnet er als *syntactic encoding*, hier werden die Wörter ausgewählt und aufgrund grammatikalischer Regeln angeordnet, sodass die Konstruktion des Satzrahmens erfolgen kann. Auf zweiter Ebene, der des *morphological encoding*, müssen die Wörter mitsamt ihrer Flexion in Abhängigkeit von der Syntax morphologisch richtig zusammengesetzt werden und die Ebene des *phonological encoding* schließlich ist für die richtige Aussprache der angeordneten Wörter zuständig.[168] Auf Ebene der Satzrahmengenerierung muss der Sprecher folglich spezifischen syntaktischen Regeln folgen. Durch häufige Generierung festigt er die möglichen grammatikalischen Beziehungen der verschiedenen Wörter je nach Abhängigkeit von verschiedenen Satzrahmen, beispielsweise die Kasuszuweisung eines Substantivs durch eine Präposition oder die Valenz eines Verbs, das seinen Ergänzungen bestimmte Kasus zuteilt. Im Zuge der Satzproduktion wird somit auf verschiedenste Areale des Kortex zugegriffen, die nicht nur motorischer und auditiver Natur sind, sondern auch semantischer, syntaktischer und morphologischer.[169] Die im Rahmen der häufigen Satzproduktion gefestigten syntaktischen und morphologischen Beziehungen verschiedener Wörter und Formen können auch bei der Textrezeption unterstützend wirken, da der Leser hinsichtlich gewisser grammatikalischer Phänomene Erwartungen bezüglich der folgenden Wörter oder Strukturen aufbauen kann, die das Textverständnis erleichtern.

2.4 Zusammenfassung und Konsequenzen

Die Darstellung der lernpsychologischen Sicht auf die Aufnahme von Vokabeln und die Erkenntnisse der Kognitionswissenschaften diesbezüglich haben deutlich gemacht, dass eine isolierte Darbie-

---

167 Dell (1986), S. 283: „[S]entence production, which can be defined as the processes by which a semantic representation of a sentence-to-be-spoken is translated into a phonetic representation that can guide the articulatory musculature and produce speech."

168 Vgl. Dell (1986), S. 283.

169 Braitenberg und Pulvermüller merken an, dass dem Satz eine Verkettung von

tung von Lernwortschatz dem muttersprachlichen Spracherwerb widerspricht und eine effektive Verankerung und Wiedererkennung von Wörtern erschwert. Im Zuge des natürlichen Spracherwerbs werden neue Informationen immer mit bereits bestehenden abgeglichen, neu eingeordnet und wirken sich so auf bestehende Relationen aus. Dabei erweisen sich paradigmatische und syntagmatische Beziehungen zwischen Wörtern als effektiv, aber auch persönliche Assoziationen sind überaus wirksam und sollten verstärkt einen Platz in der Wortschatzarbeit finden. Da Vorwissen jedoch auch hemmend wirken oder durch neue Informationen verdrängt werden kann, sind besonders vermeintliche Ähnlichkeiten zwischen Ziel- und Ausgangssprache oder auch zielsprachinterne Gemeinsamkeiten ausreichend zu behandeln. Im Rahmen des mehrsprachigen mentalen Lexikons kann Vorwissen jedoch auch durch weitere vom Individuum beherrschte Fremdsprachen bestehen, sodass hier ebenfalls Anknüpfungsmöglichkeiten genutzt und Interferenzen verhindert werden sollten. Bei der Darbietung von Vorwissen ist darauf zu achten, dass dieses den Schülern zum einen bekannt ist und somit keine unnötige Reizüberflutung darstellt und zum anderen nicht sinnverzerrend aufgrund nur entfernter Ähnlichkeiten wirkt, die nicht besprochen werden.

Die Kenntnis der fremdkulturellen Schemata und Konzepte ist unabdingbar für das Verstehen fremdsprachlicher Texte, wobei auch hier scheinbare Ähnlichkeiten oftmals gefährlicher sind als Kontraste. Durch die Kenntlichmachung konzeptueller Divergenzen kann zum einen eine verzerrende Angleichung muttersprachlicher Konzepte verhindert und zum anderen Gelegenheit geschaffen werden, über kulturelle Differenzen, semantische Ursprünge und Bedeutungswandel nachzudenken.

Eine nicht zu vernachlässigende Schwierigkeit des Lernwortschatzes besteht in der Bedeutung von Wörtern, die erst in einem Kontext entsteht und somit bei der Vermittlung schwer zu erfassen ist. Dabei können sowohl ausreichende Kontexte beim Erwerb als auch eine unverfängliche deutsche Grundbedeutung unterstützend wirken.

Weiterhin erweisen sich mitgelernte Kontexte im Sinne der Hinweisreize als hilfreich. Durch einen Erwerb in vielschichtigen Kontexten entsteht auch ein vielschichtiges mentales Netzwerk, das Aktivierungsmuster ausbilden kann, die beim Wiedererkennen helfen. Hier gilt allgemein, dass ein komplexerer Kontext meist auch mit einer besseren Wiederkennungsleistung verbunden ist. Neben von außen präsentierten Kontexten oder schematischen Darstellungen, die Beziehungen zwischen Wörtern oder Konzepten ausdrücken, können auch mentale Bilder oder Szenen für eine tiefere Verankerung von Wörtern sorgen. Dabei darf nicht vergessen werden, dass Aktivierungsmuster nicht nur in semantischer, sondern auch morphologischer, syntaktischer und phonetischer Hinsicht bestehen, sodass diese Faktoren bei der Wortschatzarbeit miteinbezogen werden müssen und auch hier die Möglichkeit der Interlingualität hinsichtlich weiterer Fremdsprachen genutzt werden sollte.

Schließlich wurde gezeigt, dass auch für Sprachverwendung mit rezeptiver Zielsetzung die Sprachproduktion in Form von Aussprache der Wörter oder Generierung von Sätzen und die damit verbundenen grammatikalischen Relationen das Textverständnis erleichtern können und somit als Präsentations- und Übungsform verstärkt in den Lateinunterricht miteinbezogen werden sollten.

---

cell assemblies zugrunde liegt, da er eine Abfolge von Wörtern darstellt. [Vgl. Braitenberg / Pulvermüller (1992), S. 112.]

3 Wortschatz und Texterschließung

Neben einer allgemeinen Darstellung der mentalen Speicherung und Verarbeitung von Wörtern wurde bereits gezeigt, dass eine Konstituierung der Wortbedeutung erst im Textzusammenhang stattfinden kann und eine Betrachtung der Wortschatzarbeit somit nicht isoliert von der Textarbeit erfolgen darf. Überdies stellt das Ziel der Wortschatzarbeit im Lateinunterricht die erfolgreiche Übersetzung lateinischer Originaltexte dar. Um den Einfluss des im mentalen Lexikon gespeicherten semantischen Wissens auf den Übersetzungsprozess und das Textverständnis genauer darzustellen und somit Rückschlüsse auf die daraus resultierenden Anforderungen an die Wortschatzarbeit zuzulassen, soll eine Vorstellung der mentalen Prozesse im Rahmen dieser Vorgänge geschaffen werden. Da die Begriffe der Übersetzung und der Texterschließung im schulischen Kontext oftmals ungenau und synonym verwendet werden, erfolgt zunächst ein Definitionsversuch.

3.1 Die Übersetzung im Kontext des Lateinunterrichts

Auch der Begriff der Übersetzung kann von diversen Standpunkten aus betrachtet werden. Um den bisher verfolgten kognitiven Ansatz fortzuführen, gehe ich von einer kognitiv-psychologischen[170] Definition aus, die vor allem die Konzepte im mentalen Lexikon berücksichtigt. In Abgrenzung zu Ansätzen, welche die grammatikalischen und sprachvergleichenden Unterschiede der

[170] Jörn Albrecht unterscheidet zwei unterschiedliche Typen von Übersetzungsmodellen: das abstrakt-statische und das konkret-dynamisch-psychologische. Während ersteres den realen Übersetzungsvorgang übergeht und die an der Übersetzung beteiligten Faktoren sowie die Relation zwischen ihnen vorstellt, beschäftigt sich letzteres mit den tatsächlichen mentalen Übersetzungsvorgängen. [Vgl. Albrecht (2005), S. 27.]

Ausgangs- und Zielsprache verfolgen, sei daher die kognitive Definition von Iwona Legutko-Marszałek angeführt:

> Die Übersetzung aus einer Sprache in die andere ist nur deshalb möglich, weil wir die Fähigkeit besitzen, von den sprachlichen Systemen zu abstrahieren und auf der sprachunabhängigen konzeptuellen Ebene Informationen zu verarbeiten [...] Im Übersetzungsprozess wird also dem in einer Sprache verfassten Satz die konzeptuelle Struktur entnommen und mit Mitteln einer anderen Sprache wiedergegeben.[171]

Deutlich wird, dass sich der Übersetzungsprozess in zwei Teilprozesse gliedert, zum einen in die Sinnerfassung des Ausgangstextes, wobei auf die mental gespeicherten Konzepte zurückgegriffen wird, begleitet von der Erschließung ihrer im Text dargestellten Relationen, und zum anderen in die anschließende korrekte und dem Übersetzungsziel angemessene Versprachlichung dieses Sinns in eine andere Sprache, wobei in der vorliegenden Arbeit Zwischenformulierungen zum ersten Teil gezählt werden sollen. Je kompetenter ein Subjekt in beiden Sprachen ist, desto stärker verschmelzen diese Schritte miteinander. Kurt Schmidt spricht in diesem Zusammenhang auch von apperzeptivem und assimilativem Übersetzen. Während der erste Begriff einen Übersetzungsvorgang beschreibt, der an die Formbestimmung der einzelnen Wörter gebunden ist, werden bei letzterem die einzelnen Operationen immer unwichtiger, und der Vorgang nähert sich mehr dem Lesen der Fremdsprache an.[172] Im Rahmen der fremdsprachlichen Textrezeption muss folglich zwischen „Lesen" und „Übersetzen" differenziert werden. Während in den modernen Fremdsprachen tatsächlich nach einer Weile von einem Leseprozess gesprochen werden kann, verweilt der Lateinschüler in der Regel im schulischen Kontext auf der Ebene des apperzeptiven Übersetzens. Mögliche Gründe hierfür werden im weiteren Verlauf noch genannt.[173]

---

171 Legutko-Marszałek (2011), S. 70.

172 Vgl. Schmidt (1962), S. 45.

173 Siehe Abschnitt 3.2.3.

Den ersten Teilprozess der Sinnerfassung halte ich in der Unterrichtspraxis für weitaus wichtiger als die angemessene Übertragung in die Muttersprache. Hier schließe ich mich der Auffassung Schmidts an, der in seinen Abhandlungen über mentale Übersetzungsprozesse den Begriff des Übersetzens mit dem Hintergedanken nutzt, dass damit immer an das Erfassen des Sinnes gedacht wird,

> zu dem dann die Wiedergabe mit den Mitteln der Muttersprache in weitgehender Anlehnung an das Original nur als zusätzliche, wenn auch im Regelfalle kaum entbehrliche Leistung hinzukommt.[174]

Wurde der Inhalt verstanden, kann der Schüler gemäß seinen muttersprachlichen Kompetenzen und je nach Stilbelieben eine Übersetzung anfertigen. Leider kommt es in der Unterrichtspraxis immer noch häufig vor, dass Schüler im Zuge des freien Übersetzens vorschnell von ihren Lehrern bezüglich fehlerhafter Zwischenformulierungen korrigiert werden, obwohl sie den Sinn des zu übersetzenden Satzes noch gar nicht erfasst haben. Dieser Druck oder auch ein Mangel an Zeit kann dazu führen, dass sie lediglich die Bedeutung aus der Wortliste im Lehrbuch übernehmen, ohne sich über den eigentlichen Sinn gänzlich im Klaren zu sein.

Da die Rolle des Wortschatzes primär während dieser ersten Phase der Übersetzung zum Tragen kommt, soll im Folgenden nur die Sinnerfassung betrachtet werden und nicht die adäquate Übertragung in die Muttersprache. Um an die kognitive Übersetzungsdefinition anzuknüpfen, wird auch die Sinnerfassung aus Sicht der kognitiven Linguistik betrachtet. Hier spielen vor allem die Wort-, Satz- und Textsemantik eine bedeutende Rolle. Die Wortsemantik, die sich mit der Inhaltsseite sprachlicher Einheiten beschäftigt, wurde bereits eingehend betrachtet. Sie ist der den Satzsinn untersuchenden Satzsemantik vorgelagert, auf der schließlich die Textsemantik basiert, die analysiert, auf welche Weise die Gesamtbedeutung eines Textes durch die semantischen Relationen zwischen den einzelnen Komponenten hergestellt wird. Dabei findet

---

174 Schmidt (1962), S. 9.

eine zirkuläre Beeinflussung von Wort, Satz und Text statt, sodass alle drei Stufen aufeinander angewiesen sind. Andrea Bachmann-Stein charakterisiert die Satz- und Textsemantik auch als eine

> Semantik der Kompositionalität, die die Konstitution der Semantik komplexer Ausdrücke beschreibt, und zwar ausgehend von der jeweiligen Einzelsemantik der verwendeten Lexeme und den zu ihrer Verknüpfung verwendeten grammatischen und textkonstitutiven Regeln.[175]

Während man bis in die 80er Jahre des 20. Jahrhunderts weitestgehend von Textpropositionstheorien ausging, die annahmen, dass das Textverstehen durch die im Text ausgedrückten Propositionen und ihre Beziehungen untereinander konstituiert wird,[176] hat sich mittlerweile vor allem in der kognitiven Linguistik die Sichtweise durchgesetzt, dass auch das Weltwissen des rezipierenden Subjekts Einfluss auf das Textverständnis ausübt und somit der von mir zu Anfang erwähnte konstruktivistische Lernbegriff hier Anwendung findet.

3.2 Satz- und Textrezeption

3.2.1 Die syntaktische Satzanalyse

Der Prozess der Satzverarbeitung gliedert sich in eine syntaktische und eine konzeptuelle Analyse.[177] Die Betrachtung letzterer ist Aufgabe der Satzsemantik, erstere wird hier in Anlehnung an die Dependenzgrammatik behandelt, die das Verb in den Mittelpunkt der syntaktischen Betrachtungen stellt. Auch wenn die Semantik im Rahmen der Wortschatzarbeit eine größere Rolle spielt, darf eine Betrachtung der syntaktischen Analyse an dieser Stelle nicht übergangen werden, da beide Analysen in enger Abhängigkeit voneinander getätigt werden.

Die syntaktische Analyse beinhaltet die Zuordnung der einzelnen Wörter zu entsprechenden Wortarten sowie ihre morphologi-

175 Bachmann-Stein (2011), S. 55.

176 Vgl. Kelter (2003), S. 509f.

177 Vgl. Dijkstra / Kempen (1993), S. 43.

schen Entschlüsselungen und die Erfassung ihrer Satzfunktion.[178] Diese Betrachtungen gipfeln schließlich in der Konstruktion des Satzbaus, der durch einen Analysebaum dargestellt werden kann. Abbildung 3.1 zeigt einen solchen Analysebaum für die Struktur des Satzes *Comites nuntiaverunt Graecos ex equo descendisse:*[179]

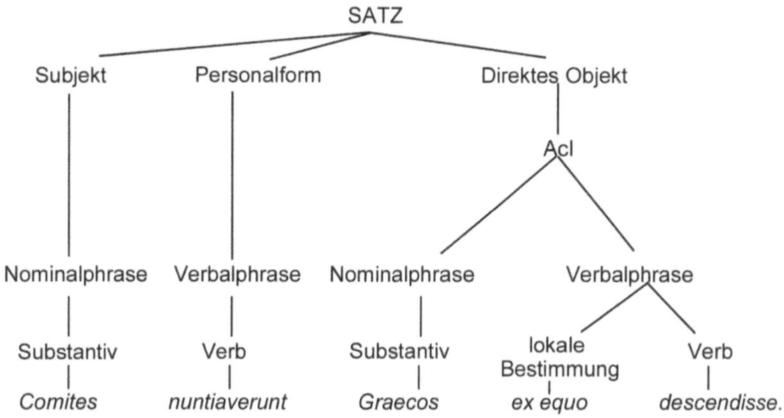

Abbildung 3.1: Vereinfachter Analysebaum in Anlehnung an die Darstellung von Dijkstra und Kempen. [Eigene Darstellung nach Dijkstra / Kempen (1993), S. 44.]

Um zu bestimmen, welcher Analysebaum zu einem Satz gehört, kann das rezipierende Subjekt sowohl auf Informationen zugreifen, die im Text vorliegen, als auch auf solche, die es selbst in seinem mentalen Lexikon gespeichert hat. Zu den Informationen aus dem Text gehören die einzelnen Wörter, ihre Reihenfolge und Interpunktion. Zu den Informationen aus dem mentalen Lexikon zählen lexikalische Informationen, die Auskunft darüber geben, ob es sich bei den erkannten Graphemen um Inhalts- oder Funktionswörter handelt und ob diese somit die Bedeutung des Satzes tragen oder das Satzgerüst stützen. Überdies liegen auch Informa-

[178] Vgl. Dijkstra / Kempen (1993), S. 43.

[179] Dieser Satz wurde – in Abwandlung – dem Lehrwerk *Felix* entnommen. [Vgl. Westphalen / Utz / Nickel (1995a), S. 62.]

tionen bezüglich der syntaktischen Umgebung eines Wortes sowie morphologische Eigenschaften im mentalen Lexikon vor.[180]

Was die syntaktische Analyse betrifft, so gestalten sich ihre Ausgangsregeln von Sprache zu Sprache unterschiedlich. Im Deutschen beispielsweise kann die Satzstellung vornehmlich dabei helfen, den richtigen Analysebaum darzustellen, während dies im Lateinischen nicht immer möglich ist und hier aufgrund der synthetischen Natur die Kasusmarkierungen und Flexionsendungen eine größere Rolle spielen.[181]

3.2.2 Die konzeptuelle Satzanalyse

Im Zuge der konzeptuellen Analyse wird vor allem auf die semantischen Informationen in Form von Konzepten zugegriffen, die im mentalen Lexikon mit den vorliegenden Graphemen verknüpft sind. Aufgrund der Relationen zwischen den abgerufenen Konzepten kann das Individuum konzeptuelle Netzwerke erstellen, die den semantischen Sinn des Satzes darstellen, wie Abbildung 3.2 (S. 81) deutlich macht.

Die hier vorgeschlagene konzeptuelle Analyse bedient sich der Terminologie der auf Charles J. Fillmore zurückgehenden Kasusgrammatik, nach deren Auffassung sich ein Satz aus einem Verb und semantischen Rollen zusammensetzt. Das Verb steht dabei im Mittelpunkt der Satzanalyse, ihm werden verschiedene Valenzen zugeschrieben, die sogenannte semantische Rollen einnehmen können.[182] Die Terminologie der semantischen Rollen gestaltet sich in der Linguistik als nicht ganz einheitlich, ich orientiere mich in meinen Ausführungen an den Rollenbezeichnungen von Kienpointner.[183] Als Beispiele seien hier Agens (Täter), Patiens (direkt betroffen), Instrumentum (Mittel), Destinatarius (Empfänger), Origo (örtlicher Ausgangspunkt) und Directio (örtlicher Zielpunkt)

180 Vgl. Dijkstra / Kempen (1993), S. 44.

181 Für eine ausführliche Darstellung der kontrastiven Syntax des Lateinischen und Deutschen siehe Kienpointner (2010), S. 129ff.

182 Vgl. Lukesch (2001), S. 129.

183 Vgl. Kienpointner (2010), S. 227ff. Hier findet sich auch eine ausführliche Darstellung weiterer semantischer Rollen.

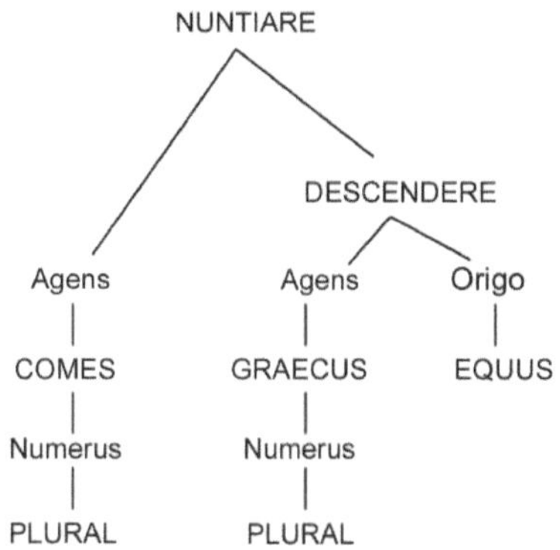

Abbildung 3.2: Konzeptuelles Netzwerk zum Satz *Comites nuntiaverunt Graecos ex equo descendisse* in Anlehnung an das konzeptuelle System von Dijkstra und Kempen. [Eigene Darstellung nach Dijkstra / Kempen (1993), S. 47.] Um zu verdeutlichen, dass die Knoten Konzepte und keine Wörter der Sprache darstellen, sind die Konzepte auch hier durch Großschreibung markiert. Die Reihenfolge ist ohne Bedeutung.

aufgeführt.[184] Ton Dijkstra und Gerard Kempen weisen darauf hin, dass für die Sinnerfassung, die auf semantischen Rollen fußt, oftmals noch nicht einmal grammatikalische Informationen vorhanden sein müssen, wie bei der Wortfolge *Fliegen – Drosseln – Treffen – Kugeln – Fallen* zeigt.[185] Allerdings können auch an dieser Stelle Probleme auftreten. Labov zeigte bereits mit seinem Tassenexperiment, dass die abgebildeten Objekte je nach Kontext unterschiedlich bezeichnet wurden. Das gleiche Phänomen tritt auch bei geschriebenen Worten in textuellem Kontext auf, welches Gert Rickheit und Hans Strohner als „Kontextspezifität" bezeichnen.[186] An dieser Stelle sei an die von Königs angesprochene Vermeidung von internalisierten Bedeutungsangaben erinnert, welche dazu beitragen, kontextuelle Varianten, die hier durch die „Kontextspezifität"

184 Vgl. ebd.
185 Vgl. Dijkstra / Kempen (1993), S. 46.
186 Vgl. Rickheit / Strohner (1993), S. 221.

ausgedrückt werden, zu übergehen. Andererseits können die Sinnrelationen zu den anderen Konzepten auch lexikalische Mehrdeutigkeit disambiguieren.

3.2.3 Die Interaktion beider Analysen

Für eine vollständige Sinnerfassung ist eine Interaktion beider Analysen nötig.[187] Je schwieriger es wird, den konzeptuellen Inhalt aus vorangegangenen Sprachäußerungen oder aus der Situation abzuleiten, desto stärker gewinnt die syntaktische Analyse an Bedeutung, und andersherum kann die konzeptuelle Analyse bei syntaktischen Schwierigkeiten helfen.[188] Überdies sind sowohl syntaktische als auch konzeptuelle Ambiguitäten möglich, die oftmals durch die jeweils andere Analyse ausgeschlossen werden können. Wie sehr die beiden Analyseprozesse miteinander verbunden sind, zeigt auch das konzeptuelle Netzwerk in Abbildung 3.2 (S. 81). Um zu erfassen, dass die Konzepte COMES und GRAECUS auf mehrere Entitäten verweisen, also mehrere Personen an den jeweiligen Handlungen beteiligt sind, muss der Rezipient die Flexionsendungen richtig entschlüsseln, eine Aufgabe, die der syntaktischen Analyse zukommt. Auch würde eine rein konzeptuelle Analyse an den beiden Agens-Angaben scheitern. Andererseits kann das Wort *comes* in Abbildung 3.1 (S. 79) aufgrund seiner Endung sowohl im Nominativ als auch im Akkusativ stehen. Die konzeptuelle Analyse kann unter Rückgriff auf mentale Schemata, hier das Wissen, dass die Griechen sich in einem hölzernen Pferd versteckten, dazu beitragen, diese syntaktische Mehrdeutigkeit zu disambiguieren. Überdies merkt Kuhlmann an, dass Formen wie *duces* oder *eo* verdeutlichen, wie die grammatikalische Analyse auf verschiedene

187 Wie genau beide Analysen miteinander agieren, ist umstritten. Serielle Modelle der Satzverarbeitung gehen davon aus, dass die syntaktische Verarbeitung der semantischen vorgelagert ist, während interaktive Modelle annehmen, dass beide Verarbeitungsebenen parallel und interaktiv ablaufen. Allerdings liegt es nahe, von einer Verarbeitung im Sinne der interaktiven Modelle auszugehen, da der semantische Kontext auch bei der Worterkennung früh eine Rolle spielt. [Vgl. Engelkamp / Zimmer (2006), S. 540f.]

188 Vgl. Dijkstra / Kempen (1993), S. 47.

Lexeme im mentalen Lexikon verweisen kann, in diesem Fall auf *dux* oder *ducere* und *ire* oder *is*.[189]

Im Zuge einer kompetenten konzeptuellen Analyse ist oftmals auch eine Disambiguierung der lexikalischen Mehrdeutigkeit möglich, die sich bei der Wortschatzarbeit wie bereits dargestellt als Problem erweist. Die konzeptuelle Analyse ist allerdings stark vom Vorwissen und der Kenntnis von zugrunde liegenden Schemata abhängig, wie das Beispiel der sich im Pferd befindenden Griechen zeigt. Ohne dieses Vorwissen könnte man auch annehmen, die Begleiter meldeten, dass griechische Reiter von ihren Pferden herabsteigen würden. Kuhlmann merkt jedoch an, dass sich fehlende inhaltliche Vorkenntnisse für viele Lateinschüler bei der Lektüre als Normalfall erweisen und sie sich aufgrund dessen

> „von unten nach oben" durch den Text arbeiten, indem sie ausgehend von Vokabel- und Grammatik-Dekodierung den Textsinn im Kopf rekonstruieren.[190]

Neben den fehlenden Schemata trägt auch ein häufig primäres syntaktisches Vorgehen der Lehrer beim Übersetzen dazu bei, dass die Texterschließung im Lateinunterricht gegen den natürlichen Verstehensprozess beim Lesen arbeitet und die konzeptuelle Analyse übergeht, während in den modernen Fremdsprachen wie Englisch oder Französisch der Kontext und ihm zugrunde liegende Schemata oftmals aufgrund der kulturellen Nähe vertraut oder wenigstens bekannter sind als im Lateinunterricht und eine primär syntaktische Analyse in der Regel nicht vorkommt. Somit kann wenigstens teilweise erklärt werden, warum der durchschnittliche Lateinschüler auf der Stufe einer apperzeptiven Übersetzung im Sinne Schmidts verharrt. Gerade die Erfassung der konzeptuellen Struktur, die auch Legutko-Marszałek in ihrer Übersetzungsdefinition anführt, sollte somit verstärkt in den Fokus der Übersetzungsarbeit gerückt werden genauso wie eine Bewusstmachung der Interaktion von konzeptueller und syntaktischer Analyse.[191] Faktoren wie die

---

189 Vgl. Kuhlmann (2012), S. 101.

190 Ebd.

191 Als Praxisbeispiel böte sich die Präsentation eines lateinischen Textes an, in dem die wichtigsten bedeutungstragenden Wörter markiert sind. Nach Si-

Vermittlung des dem Übersetzungstext zugrunde liegenden Schemas sowie die Klärung wichtiger Vokabeln können im Vorfeld die konzeptuelle Analyse stärken und somit auch die syntaktische unterstützen.

Überdies macht die Abhängigkeit beider Analysen die Untrennbarkeit von Grammatikvermittlung und Wortschatzarbeit deutlich, die durch den synthetischen Charakter des Lateinischen noch verstärkt wird. Nicht nur die Wiedergabe eines semantischen Äquivalents in einer anderen Sprache, sondern auch die Verflechtungen mit syntaktischen und morphologischen Eigenschaften im mentalen Lexikon müssen daher im Zuge der Wortschatzarbeit angestrebt werden.[192]

3.2.4 Textrezeption

Auf die Textrezeption sei an dieser Stelle nur kurz eingegangen, da sie ähnlich wie die Satzrezeption ein Zusammenspiel aus konzeptueller und syntaktischer Analyse darstellt. Auf syntaktischer Ebene spielen beispielsweise Konnektoren und Pronomina eine wichtige Rolle, da sie bereits genannte Inhalte wieder aufgreifen und somit die Textkohärenz herstellen. Sie sind im Zuge der Textre-

---

cherstellung, dass die Bedeutungen der markierten Wörter allen Schülern bekannt sind, erhalten sie den Auftrag, allein anhand dieser Wörter ohne syntaktische oder morphologische Betrachtungen zu überlegen, welche Handlung vorliegen könnte. Wurde die Handlung richtig erfasst und im Plenum besprochen, können die Schüler untersuchen, welche Beziehungen zwischen semantischen Rollen und syntaktischen Phänomenen oder Flexionsendungen bestehen. Dies schult zum einen die Bewusstmachung der konzeptuellen Analyse und zum anderen kann die konkrete Funktion von Kasus-, Tempus- oder Personenmarkierungen im Satz besser verdeutlicht werden, die ohne Kontext nur abstrakte Informationen darstellen. Auf diese Weise können sogar neue grammatikalische Phänomene oder Funktionswörter eingeführt werden. Zuerst würde dabei die konzeptuelle Struktur entschlüsselt und anschließend die Funktion der neuen Phänomene in Abhängigkeit davon diskutiert werden.

192 Auch Hermes äußert sich diesbezüglich wie folgt: „Die kognitive Struktur, in die Schüler beim Lernen grammatisches Wissen einordnen müssen, damit es bei der Arbeit am Text abrufbar ist, kann nicht in der Systematik der traditionellen Grammatik bestehen, sondern muss sich aus der Verbindung von Wortschatz und Grammatik ergeben." [Hermes (1988), S. 72.]

zeption zu erkennen und dem entsprechenden Bezugswort zuzuordnen. Auf semantischer Ebene müssen die Schüler lernen, nicht nur passende Erwartungen hinsichtlich der möglichen auftretenden syntagmatischen Beziehungen im Satz aufzubauen, sondern auch den Textverlaufe betreffend, indem sie die inhaltliche Abfolge erfassen, die aus einem Zusammenspiel von Thema und Rhema, d.h. aus bereits bekannten und neuen Informationen, besteht.[193] Hier spielt wieder die Problematik der Schemata eine wichtige Rolle.

3.3 Die Vermittlung der verschiedenen Wortarten

Die Betrachtung der Satz- und Texterschließung hat gezeigt, dass das zum Textverstehen notwendige Wissen über Wörter nicht nur semantische, sondern auch syntaktische und morphologische Bereiche einschließt. Aus dem Zusammenspiel von syntaktischer und konzeptueller Analyse sowohl auf Satz- als auch auf Textebene lassen sich somit einige Schlussfolgerungen für eine fruchtbare Wortschatzarbeit mit Blick auf die verschiedenen Wortarten[194] und ihre syntaktischen und konzeptuellen Eigenschaften ziehen.

Kuhlmann zeigt anhand von Tilgungen verschiedener Wortarten in zu übersetzenden Texten, dass unbekannte Substantive die größten Verständnisfehler ausmachen, gefolgt von Verben und Adjekti-

---

193 Vgl. Hermes (1988), S. 68. Weddigen vermerkt, dass die Lektionstexte in den Schulbüchern oftmals grammatikalische Konstruktionen sind, denen das Thema-Rhema-Schema fehlen kann, sodass den Schülern diese natürliche Hilfe beim Textverständnis fehlt. [Vgl. Weddingen (1988), S. 16.]

194 Bisher wurde der Begriff der Wortarten nicht näher erläutert. Eine Auseinandersetzung mit der Frage, ob und aus welchen Gründen die Übernahme der klassischen *partes orationis* für die deutsche Sprache zu bedenken ist und welche Schwierigkeiten diese Übernahme mit sich bringt [vgl. beispielsweise Kienpointner (2010), S. 62–78 oder Knobloch / Schaeder (2010)], würde den Rahmen dieser Arbeit sprengen. Auch gehe ich nicht auf mögliche Unterschiede zwischen den lateinischen und den deutschen Wortarten ein, da diese den Schülern in der Regel keine größeren Probleme bereiten. (Eine ausführliche Darstellung der lateinischen Wortarten und Abweichungen in der Umsetzung in der deutschen Sprache findet sich bei Menge / Burkard / Schauer (2000), §§ 1–242.)

ven.[195] Somit müsste den Substantiven die meiste Aufmerksamkeit zukommen, da allerdings die Konstruktion des Satzes vom Verb und seiner Valenz abhängt, darf auch dieses nicht vernachlässigt werden. Dementsprechend liegt es nahe, besonders die Vermittlung von Substantiven und Verben als Priorität zu betrachten.[196] Die folgende Darstellung zeigt exemplarisch anhand des Verbs, welche Aspekte bei der Wortschatzarbeit beachtet werden müssen, da dieses syntaktisch am komplexesten ist und meist den größten Einfluss auf weitere Elemente des Satzes besitzt. Im Anschluss soll ein kurzer Überblick über weitere Wortarten gegeben werden, wobei sich hier viele der beim Verb zu beachtenden Faktoren übertragen lassen.

Aus Sicht der Dependenzgrammatik kommt dem Verb und seinen fakultativen Ergänzungen eine bedeutende Rolle bezüglich der Konstituierung des Satzrahmens zu. Die Valenz eines Verbs resultiert dabei aus der Zahl dieser fakultativen Ergänzungen, zu denen neben dem Subjekt Objekte, adverbiale Bestimmungen oder Prädikatsnomina zu zählen sind.[197] Das Verb *laudare* beispielsweise gestaltet sich in aktivischer Form als zweiwertig, da es eine Ergänzung im Nominativ und eine im Akkusativ fordert. Somit regiert es zum einen zwei weitere Elemente, indem es ihre morphologische Form und syntaktische Funktion festlegt, und zum anderen auch die semantischen Rollen, in diesem Fall Agens und Patiens. Überdies wird deutlich, dass das Verb seine Bedeutung erst in Relation zu seinen Ergänzungen erhält, da es in der Regel immer Handlungen ausdrückt, die Akteure benötigen.[198] Es kann jedoch vorkommen, dass ein Verb mit unterschiedlichen Bedeutungsbereichen auch unterschiedliche Valenzen aufzeigt. *Dicere* kann beispielsweise zweiwertig mit Nominativergänzung und AcI stehen, dreiwertig, wenn noch eine Dativergänzung hinzutritt, oder ebenfalls dreiwertig mit Nominativergänzung und zwei Ergänzungen

195 Vgl. Kuhlmann (2012), S. 103ff.

196 Vgl. a.a.O., S. 105.

197 Vgl. Menge / Burkard / Schauer (2000), S. 304.

198 Ausnahmen stellen beispielsweise nullwertige Verben dar wie *pluit* oder *ninguit*, welche keine semantischen Rollen zuweisen.

im Akkusativ.[199] In Abhängigkeit von diesen drei Konstellationen kommen dem Verb auch drei verschiedene semantische Bedeutungen zu, wie die folgenden Beispielsätze deutlich machen:

1. *Pater dicit se non esse contentum.*
2. *Pater servis dicit se non esse contentum.*
3. *Liberi patrem felicem dicunt.*

Die Bedeutungsdifferenz von Satz 1 und Satz 2 ist sehr gering, im ersten Fall existiert ein Agens, das eine Äußerung tätigt, im zweiten Satz tritt ein Recipiens hinzu, welches die Äußerung empfängt. In Satz 3 jedoch verschiebt sich die Bedeutung, da hier das Agens keine Äußerung mehr tätigt, sondern die Handlung auf das Patiens richtet.

In der deutschen sowie in der lateinischen Sprache besitzen die semantischen Rollen prototypische Kasuszuweisungen, die in der Regel in beiden Sprachen deckungsgleich sind, weshalb diese Zuweisungen im Unterricht normalerweise nicht thematisiert werden müssen. Wie bereits von Lang vermerkt,[200] können Abweichungen der Kasuszuweisungen durch die Übernahme der Rektionen für die deutsche Bedeutungsangabe vermieden werden. Dies ist jedoch nicht immer möglich, wie allein schon lateinische Verben zeigen, die einen Ablativ fordern. In derartigen Fällen müssen die abweichenden Zuweisungen angesprochen werden, um falsche Einordnungen der semantischen Rollen zu verhindern.

Es existieren jedoch auch Verben, die einen weitaus größeren Bedeutungsbereich besitzen, berühmte Vertreter sind *petere* oder *agere*. In solchen Fällen, aber auch bei enger gefassten Bedeutungen, ist es sinnvoll, zunächst nur die Bedeutungsbereiche mit deutschen Bedeutungsangaben zu versehen, die auch in den Übungstexten der Lehrwerke auftreten. Wird das Wort später um weitere Bedeutungen ergänzt, so können die bereits genannten noch einmal aufgegriffen und durch Beispielsätze in Kontrast gesetzt werden, um Bedeutungsinterferenzen zu vermeiden, indem beispielsweise die

---

199 Eine anschauliche Darstellung möglicher Ergänzungen im Nominativ, Akkusativ, Dativ, Genitiv oder Ablativ, Präpositional-Ergänzungen sowie Prädikativergänzungen findet sich bei Kienpointner (2010), S. 160–174.

200 Siehe Abschnitt 2.2.4.1.3.

neue Form die alte verdrängt oder die alte so dominant ist, dass die neue nicht erfasst wird. Auch Christine Kubik macht auf den Nutzen der Valenzlehre für den Lateinunterricht aufmerksam:

> Die Valenzlehre ermöglicht aber für viele Verben eine präzise Beschreibung, unter welchen Bedingungen welche Bedeutung die zutreffende ist. Schon bevor der eigentliche Übersetzungsvorgang beginnt, kann sich der Schüler weitgehend Klarheit über die zu wählende bzw. auszuschließende Bedeutung verschaffen.[201]

Eine bloße Angabe der Valenzen in den Lehrbüchern reicht allerdings nicht aus, da, wie bereits erwähnt, auch die Verben erst in Relation zu ihren Ergänzungen ihre spezifische Bedeutung erhalten und Angaben wie „mit Dat." oder „mit Akk." abstrakte Bezüge darstellen, die ähnlich wie die von Pulvermüller und Mohr erwähnten Funktionswörter isoliert von keinen Anknüpfungsmöglichkeiten im Gedächtnis profitieren können. Daher sollten solche Valenzangaben immer in einem Satzkontext deutlich gemacht werden. Überdies können die Wörter, die zusammen mit dem Verb präsentiert werden, im Sinne eines Merksatzes fungieren und einen semantischen Hintergrund für eine tiefere Verarbeitung im Sinne Craiks und Tulvings bieten. Allerdings ist in der Unterrichtspraxis darauf zu achten, dass nur solche Valenzen angegeben werden, die durch den Schülern bereits bekannte Kasus realisiert werden können.

Auch Substantive und Adjektive besitzen Valenzen. Während *niger* und *orator* sich als einstellig erweisen, sind *simile* und *laudator* zweistellig.[202] Was ihre Rektionen betrifft, so sind hier ebenfalls vom Deutschen abweichende möglich wie beispielsweise bei *peritus* oder *cupidus*. Da Substantive anders als Verben keine Handlungen ausdrücken, die erst durch Ergänzungen realisiert werden und somit Sinn erhalten, sind sie leichter isoliert lernbar. Dennoch können auch ihre Bedeutungen je nach Kontext unterschiedlich gefärbt sein und Polysemie oder Homonymie aufweisen, wobei diese Bedeutungsnuancen durch Satz- und Textkontext zuge-

---

201 Kubik (1989), S. 63.

202 Vgl. Pinkster (1988), S. 2.

teilt werden. Die semantischen Rollen, die ein lateinisches Substantiv einnehmen kann, müssen in der Regel nicht thematisiert werden, da auf das Wissen des muttersprachlichen Systems zurückgegriffen werden kann. Als Beispiel sei das Wort *imperium* genannt, das im Lehrwerk *prima* mit *Befehl, Befehlsgewalt, Herrschaft* und *Herrschaftsgebiet* angegeben wird.[203] Die semantischen Rollen, welche diese Angaben einnehmen können, sind den Schülern aus der Muttersprache bekannt und auch der Muttersprache gänzlich fremde Konzepte können diesbezüglich durch das allgemeine Weltwissen eingeordnet werden. Erforderlich ist jedoch, dass die wichtigsten Kernbedeutungen, die in der Regel unterschiedliche semantische Rollen besetzen – bei *imperium* zum einen die Herrschaft und zum anderen der Befehl – den Schülern bekannt sind, zumindest zunächst diejenigen, welche in den Lehrbuchtexten vorkommen. Im späteren Rahmen der Originallektüre sind die Angaben dann um weitere auftretende Kernbedeutungen zu erweitern. Ähnlich wie die Stammformen der Verben ist auch die Genitivendung der Substantive bedeutsam, um den Wortstamm auszumachen, das Wort in verschiedenen morphologischen Variationen wiederzuerkennen und es anschließend im Sinne der Forderung Kuhlmanns an das Wortwissen auf seine richtige Grundform zurückzuführen und es hinsichtlich der Lernökonomie der jeweiligen Substantivklasse zuzuordnen. Für die mitzulernenden Genitivendungen gilt ebenfalls, dass sie ohne Kontext abstraktes Wissen darstellen und somit zumindest anfänglich in einem semantischen Kontext dargeboten werden sollten. Durch das auf diese Weise mitgelernte Bezugswort kann auch die Forderung Schmidts umgesetzt werden, die Fähigkeit der Lerner auszubilden, syntaktische Wortgruppen auf den ersten Blick als Wort-Sinn-Einheiten zu erkennen und somit zu verhindern, dass die Kasuslehre als „zusammenhangsloser Memorierstoff" besteht.[204] Folglich sollten auch Adjektive immer zusammen mit Substantiven gelernt werden, da sie von diesen regiert werden und mit ihnen zusammen im Kontext als Wortgruppe auftreten.

---

203 Vgl. Utz (2004b), S. 50.

204 Schmidt (1968), S. 98.

Was Pronomina, Adverbien, Präpositionen und Konjunktionen betrifft, so bezeichnet Hermes diese als Struktur- und Funktionswörter, bei denen eine besonders starke Überschneidung zwischen Grammatik und Wortschatz stattfinde.[205] Als Beispiel führt er das Wort *cum* auf, dessen verschiedene syntaktische Funktionen anhand von Beispielen erläutert werden müssen, damit der Lernende eine Vorstellung von diesen und vom Wortinhalt gewinnen kann.[206] Gleiches gilt für Konnektoren aller Art, deren Funktion und Bedeutung immer in einem Satz oder Nebensatz greifbar gemacht werden sollten. Auch bei Präpositionen finden sich Angaben, wie sie das Lehrwerk *prima* zu der Präposition *in* in zwei aufeinander folgenden Lektionen macht, auf einer sehr abstrakten und ungreifbaren Ebene, besonders für Schüler, deren Grammatikkenntnisse sich erst noch im Aufbau befinden:

> in *m. Akk.* — in (… hinein), nach (… hin), gegen (*wohin?*)[207]
> in *m. Abl.* — in, an, auf, bei (*wo?*)[208]

Eine weitaus fassbarere und verständigere Erklärung bietet die Wortkunde *adeo Norm*, indem die unterschiedlichen Funktionen dieser Präposition nicht nur durch Wortgruppen deutlich gemacht werden, sondern darüber hinaus mithilfe bildlicher Darstellungen, wie in Abbildung 3.3 (S. 91) illustriert.

Bezüglich der Textkohärenz weist Hermes darauf hin, dass derjenige den Verweisen in einem Text leichter folgen kann,

> der von Anfang an auf die zurückverweisende (anaphorische) und die vorausweisende (kataphorische) Funktion der verschiedensten Pronomina und Adverbien im Unterricht aufmerksam gemacht wurde.[209]

Somit sind auch die Relationen oder Gegensätze, die durch derartige Wörter kenntlich gemacht werden, im Kontext zu veranschaulichen, wie beispielsweise im Fall von *ille* und *hic* oder *alter – alter*,[210]

---

205 Vgl. Hermes (1988), S. 77.
206 Vgl. ebd.
207 Vgl. Utz (2004b), S. 15.
208 Vgl. a.a.O., S. 17.
209 Hermes (1988), S. 64.
210 Vgl. a.a.O., S. 64f.

Abbildung 3.3: Darstellung der unterschiedlichen Funktionen der Präposition *in*. [Utz (2013), S. 64.]

um die Wiedererkennung dieser Beziehungen bei der Textrezeption sowie die Verbindung mehrerer Sätze zu einem sinnhaften Text durch den Rezipienten zu unterstützen.

3.4 Zusammenfassung und Konsequenzen

Anhand der starken Bindung zwischen konzeptueller und syntaktischer Analyse wurden die Untrennbarkeit von Grammatik und Wortschatz und die Notwendigkeit, diese beiden Bereiche im schulischen Kontext stärker zu vereinen, deutlich. Grammatikalische Informationen stellen ohne Kontext abstraktes Wissen dar, das nur schwer im Gedächtnis Anschluss findet und nur bedingt eine Vorstellung des Wortinhaltes hervorruft, besonders, wenn sich das allgemeine Wissen über grammatikalische Wesenszüge noch im Aufbau befindet, wie es bei dem durchschnittlichen Lateinschüler zu Beginn der Lehrbuchphase in der Regel der Fall ist. Andererseits sehen isolierte Wörter, die in den Lehrbüchern üblicherweise immer in einer Grundform angegeben werden, aufgrund ihrer grammatikalischen Eigenschaften im Kontext meist anders aus, sodass sich auch aus dieser Sicht ein kontextueller Erwerb als sinnvoll gestaltet, da so ein Wort in seinen verschiedenen Variationen gelernt werden kann. Selbstverständlich soll der Lateinunterricht weiterhin das Ziel einer Grammatikvermittlung verfolgen, die sich spezifischer als in den modernen Fremdsprachen gestaltet und ein grammatikalisches Verständnis herausbildet, das auch auf weitere Sprachen übertragbar ist. Eine Aufhebung der strikten Trennung von Grammatik und Wortschatz kann hier jedoch nur unterstützend wirken: Folgt die tiefergehende Theorie auf das Verstehen, steht ihr weitaus mehr Inhalt zur Verfügung, auf dem sie aufbauen kann.

Auch die mit der Verbindung von Grammatik und Wortschatz einhergehenden Präsentationsvorschläge für die einzelnen Wortarten, besonders bezüglich der Verben, hat gezeigt, dass eine Darbietung in statischen Wortlisten, die lediglich das lateinische Wort und eine oder mehrere deutsche Bedeutungsangaben sowie kontextlose Informationen über Endungen oder grammatikalische Funktionen beinhalten, überdacht werden muss.

4 Kriterienkatalog

4.1 Vorbemerkungen

Die bisherigen Ausführungen haben gezeigt, dass die Überlegungen bezüglich einer effektiven und nachhaltigen Wortschatzarbeit viele zu berücksichtigende Faktoren und ein weites Feld an verschiedenen Disziplinen einschließen. Als Konsequenz und Destillat dieser Überlegungen soll zuletzt der Kriterienkatalog für die Wortschatzarbeit in den Lehrwerken diese Arbeit abschließen. Um einen übersichtlichen und anwendbaren Rahmen zu gewährleisten, wurden die wichtigsten Erkenntnisse der bis hierhin getätigten Einblicke in die Kognitionswissenschaften und die Lernpsychologie zu einigen essenziellen Kriterien zusammengefasst, wobei eine Betrachtung der Wortschatzarbeit hinsichtlich einer idealen Umsetzung dieser Erkenntnisse auf mehreren Ebenen erfolgt. Diese Ebenen stellen den Versuch dar, eine ganzheitliche Sichtweise einzunehmen.

Um die Anwendung zu erleichtern, findet eine Unterteilung des Katalogs in verschiedene Abschnitte statt. Zunächst werden die allgemeine Ausstattung und Voraussetzungen des Lehrwerks betrachtet, gefolgt von allgemeinen Kriterien bezüglich der Präsentation der Vokabeln innerhalb einer „Lernwortschatzeinheit". Mit diesem Begriff definiere ich die einem Abschnitt des Lehrwerks zugehörigen Wörter, wobei diese Abschnitte meistens durch Lektionen markiert oder auf andere Weise kenntlich gemacht werden. Im Anschluss werden die Kriterien der Art und des Umfangs der deutschen Bedeutungsangaben thematisiert. Es folgen Kriterien, die speziell die Anforderungen im Bereich der Semantik, der Morphosyntax und der Phonologie konkretisieren; abgeschlossen wird der Katalog durch Kriterien für Wortschatzübungen.

4.2 Kriterien

4.2.1 Allgemeine Kriterien

I. Das Lehrwerk vermittelt die Grundlagen der lateinischen Wortbildungslehre.

Auf diese Weise kann der potenzielle Wortschatz [→ 1.1][211] erweitert und eine Zuordnung unbekannter Wörter zu ihren jeweiligen Wortklassen erleichtert werden. Dies spielt beispielsweise für die syntaktische Analyse [→ 3.2.1] im Rahmen der Textrezeption eine wichtige Rolle, da eine mögliche Nichterfassung der dem Satz zugrunde liegenden Struktur durch nicht zuzuordnende Wortarten verhindert werden kann. Wenn ein Schüler folglich weiß, dass das Suffix *-tor* einem Substantiv zugehörig ist oder die Suffixe *-alis* / *-ilis* adjektivspezifisch sind, fällt ihm die Einordnung von Wörtern mit diesen Endungen leichter. Überdies kann auch die semantische Erschließung durch die Kenntnis der Bedeutungen einzelner Präfixe oder Suffixe erleichtert werden. Ist der Schüler beispielsweise zusätzlich noch mit den semantischen Aspekten von *-tor* und *-alis* / *-ilis* vertraut, kann er auch zunächst unbekannte Wörter mit diesen Endungen als Personen oder Eigenschaften einordnen.

II. Das Lehrwerk macht allgemein Gebrauch von bildlichen und schematischen Darstellungen bei der Einführung neuer Wörter.

Der Bildüberlegenheitseffekt [→ 2.2.3.1] zeigt, dass bildliche Beschreibungen in der Regel eine höhere Erinnerungsleistung garantieren als verbale. Natürlich bietet es sich immer an, die Einführung neuer, konkreter Wörter durch Visualisierungen zu stützen. Wichtiger ist es jedoch, Abstrakta zu visualisieren, da diese, anders als Konkreta, weniger Bildlichkeit besitzen und somit schwerer einen Weg in das Gedächtnis finden [→ 2.2.3.1]. Hierzu gehören besonders Verben, deren semantischer Inhalt oftmals einen nicht greifbaren Vorgang darstellt.

211 Im Folgenden werden Verweise auf die Abschnitte, welche die entsprechenden Grundlagen für ein formuliertes Kriterium enthalten, auf diese Weise kenntlich gemacht.

Ein positives Beispiel für eine derartige Visualisierung bietet der Begleitband des Lehrwerks *prima.nova*. Die in Abbildung 4.1 dargestellte Visualisierung des Verbs *contendere* füllt das Wort nicht nur mit Bildlichkeit, sondern differenziert darüber hinaus auch seine verschiedenen Bedeutungsbereiche.

Abbildung 4.1: Bildliche Veranschaulichung des Verbs *contendere*. [Utz / Kammerer (2011b), S. 132.]

Neben der mentalen Speicherung einzelner Wörter kann auch die Aneignung semantischer Beziehungen oder morphosyntaktischer Relationen und Funktionen durch Visualisierung unterstützt werden. Dies wurde beispielhaft anhand des Begriffs *copiae* [→ 2.2.3.1] und der verschiedenen Anwendungsbereiche der Präposition *in* [→ 3.3] gezeigt.

III. Eingeführte Wörter und ihre verschiedenen angegebenen Bedeutungen treten nicht nur in dem der Lernwortschatzeinheit zugehörigen Übersetzungstext, sondern auch in folgenden Texten oder Übungen auf.

Auf diese Weise werden die Vokabeln in unterschiedlichen Kontexten wiederholt, sodass eine Festigung verschiedener semantischer Relationen im mentalen Lexikon im Sinne der *Spreading-Activation*-Theorie [→ 2.2.4.2.2] und eine damit einhergehende Verringerung der Wahrscheinlichkeit, das Gelernte wieder zu vergessen, erfolgen kann. Überdies wird so das Wortwissen erweitert und die Fähigkeit geschult, ein Wort in den verschiedenen Formen, in denen es auftreten kann, zu erkennen und ihm je nach Kontext verschiedene Bedeutungen zuzuweisen. Neben der Präsentation eines lateinischen Wortes mit verschiedenen kontextabhängigen deutschen Bedeutungsangaben [→ Kriterium XIV] kann auch dies dabei helfen, Eins-zu-eins-Internalisierungen [→ 2.2.4.1.3] zu vermeiden.

IV. Das Lehrwerk gibt den Schülern Raum, dem Lernwortschatz persönliche Assoziationen hinzuzufügen.

Persönliche Assoziationen stellen aufgrund des Selbstbezugseffekts [→ 2.2.3.1] wirksame Anknüpfungsmöglichkeiten im mentalen semantischen Netzwerk dar, die auch in der Muttersprache auftreten. Hier sind sowohl gänzlich regellose Assoziationen möglich als auch Verbindungen zu Wörtern aus weiteren bekannten Sprachen. In der Praxis können die Schüler beispielsweise dazu aufgefordert werden, ihre eigenen Gedanken bezüglich der zu lernenden Wörter zu äußern, selber Relationen zwischen ihnen herzustellen oder persönlich kreierte Lernhilfen und Eselsbrücken neben dem Lernwortschatz einzutragen.

V. Das Lehrwerk spricht die Schüler und ihre Lebenswelt an und kontrastiert diese mit den fremden Konzepten, die sich hinter dem Lernwortschatz verbergen.

Der Selbstbezugseffekt [→ 2.2.3.1] zeigt, dass Inhalte, die eine persönliche oder Personen aus der Umgebung betreffende Relevanz evozieren, besser aufgenommen und behalten werden. Um dies zu erreichen, kann das heutige kulturelle Verständnis mit dem damaligen kontrastiert werden, wobei sich Wörter aus den Bereichen, welche die Schüler selbst betreffen – etwa Schule, Familie, Religion und mit steigendem Alter auch Politik oder Verständnis von Krieg und Frieden – aufgrund des Selbstbezugs besonders eignen. Wichtig ist hierbei, dass die Schüler immer wieder dazu aufgefordert werden, Stellung zu den von ihnen ausgemachten Unterschieden zu nehmen und sie mit Erfahrungen aus ihrer eigenen Lebenswelt zu belegen. Der Selbstbezug kann überdies durch eine Ansprache der Schüler in der zweiten Personalform verstärkt werden.

VI. Lateinische Fremdwörter im Deutschen sowie Wörter lateinischen Ursprungs in modernen Fremdsprachen werden als Lernhilfen genutzt, solange eine Wahrscheinlichkeit besteht, dass sie den Schülern bekannt sind. Haben sich ihre Bedeutungen zu weit von den lateinischen entfernt, werden die Bedeutungsabweichungen kenntlich gemacht, um eine mögliche Sinnverzerrung zu vermeiden.

Auf diese Weise wird Vorwissen aktiviert, das die Aufnahme neuer Informationen erleichtert [→ 2.2.3.1]. Dies ist jedoch nur der Fall, wenn die Schüler selbst eine Relevanz zwischen den neuen Wörtern und den präsentierten „Lernhilfen" herstellen können. Eine zu starke Bedeutungsabweichung kann dies erschweren oder gänzlich verhindern, sodass die Angaben irritierend wirken. Fink und Maier äußern sich diesbezüglich folgendermaßen:

> Was hilft es, wenn bei *virgo* sich der Zusatz findet: Virginia (Bundesstaat der USA), was trägt unser Substantiv ‚Plan' zum Verständnis von *planus* bei, was soll der Patient bei *patientia* (Ausdauer, Geduld)?[212]

Ich bin jedoch der Ansicht, dass auch solche Wörter als Lernhilfe genutzt werden können, wenn die Bedeutungsverschiebungen hinreichend thematisiert werden. Auf diese Weise erweitern die Schüler zum einen ihr etymologisches Wissen und Verständnis und zum anderen werden beide Wörter durch die Darstellung der Abweichung semantisch so elaboriert, dass man an dieser Stelle von einer tiefen Verarbeitung im Sinne des Mehrebenenansatzes von Craik und Tulving [→ 2.2.2] sprechen kann, von der auch die Behaltensleistung bezüglich des lateinischen Wortes profitiert. Überdies besteht die Möglichkeit, dass ein semantisches Aktivierungsmuster nach der *Spreading-Activation*-Theorie [→ 2.2.4.2.2] aufgebaut wird: Liest der Schüler das Wort *patiens* und ihm ist die deutsche Bedeutung entfallen, denkt er jedoch vielleicht an *Patient* und die lateinische Bedeutung wird ko-aktiviert. Durch die Hinzunahme muttersprachlicher und weiterer fremdsprachlicher Wörter werden somit interlinguale mentale Netzwerke geschaffen, die bei der Informati-

212 Fink / Maier (1996), S. 21.

onsaufnahme und Informationsverarbeitung unterstützend wirken können.

4.2.2 Präsentation innerhalb der Lernwortschatzeinheiten

VII. Besonders schwierige Wörter oder solche mit komplexen Bedeutungen werden am Anfang und am Ende der Lernwortschatzeinheit präsentiert.

Gemäß dem Positionseffekt [→ 2.2.3.1] werden diejenigen Wörter besser behalten, welche zum Beginn und zum Ende einer Lerneinheit auftreten. Dieser Effekt kann hinsichtlich besonders schwieriger Vokabeln oder solcher genutzt werden, für deren Verständnis überdurchschnittlich viele Informationen gelernt werden müssen, zum Beispiel in Form von grammatikalischen Eigenschaften oder mehreren deutschen Bedeutungsangaben. Somit wären beispielsweise Verben, die weniger Bildlichkeit oder unregelmäßige Stammformen besitzen, konkreten Substantiven oder Adjektiven vorzuziehen. Es ist allerdings darauf hinzuweisen, dass dieses Kriterium mit dem verbreiteten Vorgehen der Lehrwerke, die Vokabeln nach ihrem Auftreten im Lektionstext aufzulisten, kollidiert.[213]

VIII. Wörter, die sich in akustischer oder visueller Hinsicht ähneln, treten nicht gemeinsam in unmittelbarer Nähe auf, es sei denn, ihre Unterschiede und Ähnlichkeiten werden ausdrücklich thematisiert.

Das Ranschburg-Phänomen [→ 2.2.3.2] zeigt, dass visuelle und akustische Ähnlichkeiten von aufeinanderfolgenden Wörtern Interferenzen in Form von Ähnlichkeitshemmungen hervorrufen können. Auch dieses Kriterium kann jedoch hinsichtlich der Vermeidung aufeinanderfolgender ähnlicher Wörter in Lehrwerken, die Vokabeln am Text orientiert auflisten, wohl nicht immer durchgängig umgesetzt werden.[214]

---

213 Als Vertreter dieses Vorgehens seien hier beispielsweise die Lehrwerke *Cursus* [Maier / Brenner (2005a)], *prima.nova* [Utz / Kammerer (2011a), (2011b)] oder *Felix* [Westphalen / Utz / Nickel (1995a), (1995b)] genannt.

214 Im Lehrwerk *Cursus* kommt es dadurch beispielsweise sogar zu Wortreihun-

IX. Innerhalb der Lernwortschatzeinheiten sind die Wörter, soweit möglich, aufgrund semantischer Relationen sinnvoll gegliedert, wobei auch bereits bekannte Wörter hierfür wieder aufgegriffen und in die Gliederung integriert werden.

Durch eine an die Verbindungsarten des muttersprachlichen semantischen Netzwerks angelehnte Gliederung kann die Aufnahme der Wörter unter Einbeziehung diverser paradigmatischer oder syntagmatischer Relationen erleichtert werden [→ 2.2.4.2.3]. Vor allem Koordination, Kollokation und Hyperonymie sollten genutzt werden, da diese häufige Verbindungen im muttersprachlichen Netzwerk darstellen [→ 2.2.4.2.3]. Paradigmatische Relationen verdeutlichen die Zuordnungen einzelner Wortklassen und durch syntagmatische werden Verbindungen geschaffen, die auch im Textkontext auftreten können. Eine derartige Ordnung des Lernstoffs bietet im Sinne des Millerschen *chunking* [→ 2.2.1] die Möglichkeit, eine größere Anzahl an Vokabeln mit einem Mal aufzunehmen und zu verarbeiten. Auch das Wiederaufgreifen bereits bekannter Wörter und die Herstellung semantischer Relationen zwischen ihnen und neu erworbenen ist sinnvoll, um zum einen Vorwissen zu aktivieren, das, wie Chase und Simon zeigen [→ 2.2.1], bei der Aufnahme neuer Informationen unterstützend wirken kann. Zum anderen werden so die Wiederholung bereits bekannter Vokabeln und der weitere Ausbau ihrer semantischen Vernetzungen gewährleistet.

Ein Beispiel für die Darstellung semantischer Relationen bietet beispielsweise das Basisvokabular von *adeo Norm*, wie in den Abbildungen 4.2 und 4.3 gezeigt. Hier wird das Wort *arma* mit möglichen Hyponymen aufgeführt und den Wörtern *colere* und *committere* sind häufige Kollokationen beigefügt.

4.2.3 Bedeutungsangaben

X. Die deutschen Bedeutungsangaben befinden sich im aktiven Wortschatz der Schüler oder sind andernfalls durch eine weitere Angabe oder Erklärung ergänzt, die dieses Kriterium erfüllt.

---

gen wie *procedere – potestas – precari – proprior*. [Vgl. Maier / Brenner (2005a), S. 261.]

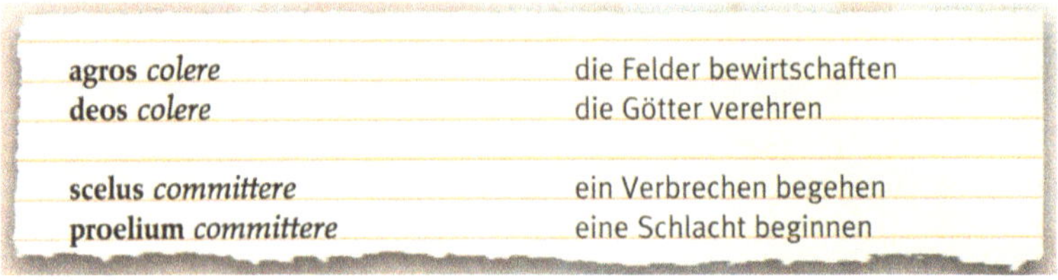

agros *colere*	die Felder bewirtschaften
deos *colere*	die Götter verehren
scelus *committere*	ein Verbrechen begehen
proelium *committere*	eine Schlacht beginnen

Abbildung 4.2: Die Wörter *colere* und *committere* mit möglichen Kollokationen. [Utz (2013), S. 26.]

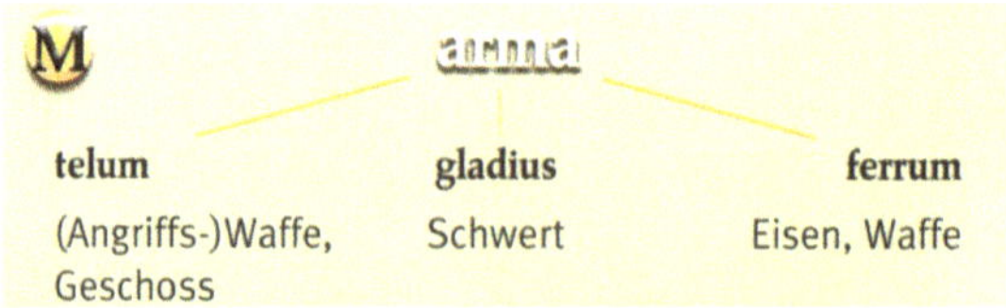

Abbildung 4.3: Das Wort *arma* mit möglichen Hyponymen. [Utz (2013), S. 16.]

Ist dem Schüler eine deutsche Bedeutungsangabe gänzlich oder in Teilen unbekannt, kann er auch das damit verbundene fremdsprachliche Konzept nicht vollständig erfassen, sei es abweichend oder deckungsgleich in Bezug auf die Muttersprache [→ 2.2.4.1.3]. Um das Ziel zu verwirklichen, die sprachlichen Fähigkeiten der Schüler auch hinsichtlich der Muttersprache zu schulen, ist es ratsam, nicht gänzlich auf unbekannte oder dem passiven Wortschatz der Schüler entnommene Bedeutungsangaben zu verzichten. Durch Beifügung entweder einer Erklärung oder eines Synonyms aus ihrem aktiven Wortschatz kann aber die unbekannte oder unvertraute Angabe transparent gemacht werden, sodass die Erweiterung des muttersprachlichen Wortschatzes durch die lateinische Wortschatzarbeit unterstützt wird. So wäre die von Steinthal erwähnte Angabe *entbehren* für *carere* [→ 2.2.4.1.3] denkbar, wenn sie zusätzlich durch *etwas nicht haben, auf etwas verzichten* ergänzt wird.

XI. Deutsche Bedeutungsangaben sind, soweit dies im Sinne einer schülerfreundlichen Angabe möglich ist, der Rektion der lateinischen Wörter entsprechend gewählt. Bei nicht realisierbarer gleicher Rektion werden die Unterschiede markiert.

Auf diese Weise wird verhindert, dass Kasuszuweisungen, die von dem muttersprachlichen System abweichen [→ 2.2.4.1.3], und auch die damit verbundene Zugehörigkeit der Ergänzungen zum Verb nicht erkannt werden, was schließlich eine falsche Einordnung der semantischen Rollen [→ 3.2.2] und ein falsches Textverständnis zur Folge haben kann.

Als Beispiel nicht realisierbarer gleicher Rektion seien Verben genannt, die eine Ergänzung im Ablativ fordern oder solche wie *iubere*, bei dem es nicht möglich ist, eine adäquate deutsche Bedeutungsangabe zu bieten, die gleichzeitig auch im Wortschatz der Schüler vorhanden ist und die ebenfalls einen Akkusativ fordert. *Befehligen* würde zwar der lateinischen Rektion entsprechen, weist jedoch eine schwierigere muttersprachliche Konstruktion auf als *befehlen*, sodass hier die ungleiche Rektion zugunsten der einfacheren deutschen Bedeutung vorzuziehen ist. Derartige Abweichungen vom muttersprachlichen System sind besonders zu kennzeichnen und in einem kontrastierenden Beispielsatz zu verdeutlichen.

XII. Lateinische Wörter werden, soweit möglich, anhand einer unverfänglichen Grundbedeutung angegeben.

Die Grundbedeutung im Sinne Raabs und Langs [→ 2.2.4.1.3] soll verhindern, dass die erste deutsche Bedeutungsangabe, die mit dem lateinischen Wort assoziiert wird, weitere mögliche kontextuelle Abwandlungen durch eine eingeschlagene semantische Richtung erschwert.

Als Beispiel wäre hier etwa *Herrscher* für *imperator* oder *Entscheidung* für *iudicium* denkbar. Natürlich können Angaben wie *Kaiser, Feldherr* im ersten Fall oder *Urteil* im zweiten ergänzt werden, allerdings nur zusätzlich zu der Grundbedeutung, da diese Angaben bereits eine eingrenzende semantische Richtung einschlagen.

XIII. Semantische und morphologische Eigenschaften der Grundbedeutung sind in einem Beispielsatz oder in einer beispielhaften Wortgruppe unter Bevorzugung häufig auftretender Kollokationen verdeutlicht, die zum besserenVerständnis eine deutsche Übersetzung bei sich haben.

Der Beispielsatz ist von Wichtigkeit, da, wie bereits gezeigt, Wortbedeutungen im Kontext statuiert werden und auch morphosyntaktische Eigenschaften erst hier eine fassbare Bedeutung erhalten. Überdies zeigen Craik und Tulving, dass ein semantischer Hintergrund, beispielsweise in Form von Satzrahmen, für eine tiefere Verankerung der präsentierten Wörter im Gedächtnis sorgt [→ 2.2.2]. Auch rufen Sätze eine bildhafte Vorstellung hervor, die sich gemäß dem Experiment von Bower [→ 2.2.3.1] effektiver auf die Behaltensleistung von Wörtern auswirkt als ein Erwerb in semantisch isolierter Form. Durch die Darstellung in einem Satz wird auch Nations Forderung an das Wortwissen [→ 1.1] erfüllt, Kenntnis über vor und nach dem Wort zu erwartende Wortarten einzuschließen. Die Bevorzugung von häufigen Kollokationen ist ratsam, da diese Wortkonstellationen auch in Übersetzungstexten oder in der Originallektüre auftreten können wie beispielsweise *consilium capere* oder *epistulam scribere*. Die beigefügten Wörter können somit als Hinweisreiz fungieren. Auch Craik und Tulving zeigen in ihrem Experiment, dass der *cued recall* [→ 2.2.2] durch Zuhilfenahme der Satzrahmen eine bessere Erinnerungsleistung gewährleistet. Wie die Verdeutlichung morphosyntaktischer Eigenschaften für die einzelnen Wortarten genauer auszusehen hat, wird in dem Abschnitt „Vermittlung morphosyntaktischer Aspekte“ [→ 4.2.5] erläutert.

XIV. Die Grundbedeutung wird durch weitere von ihr abweichende Bedeutungen in Beispielsätzen mit deutscher Entsprechung ergänzt, sofern das Wort einen weiter gefassten Bedeutungsbereich besitzt.

Auf diese Weise kann die Erkenntnis vermittelt werden, dass Wortbedeutungen nicht als „randscharf“, sondern als „kernprägnant“ [→ 2.2.4.1.2] aufgefasst werden müssen, ähnlich wie Konzepte mitsamt ihren Prototypen und „untypischeren“ Vertretern. Überdies werden Eins-zu-eins-Internalisierungen vermieden, vor denen Königs warnt [→ 2.2.4.1.3]. Die Schüler lernen, im Rahmen der Textrezeption die deutschen Bedeutungen aufgrund der kontextuellen Gegebenheiten frei zu wählen und sich nicht durch die Dominanz der zuerst gelernten Bedeutung einschränken zu lassen. Als Beispiel sei das lateinische Wort *tollere* genannt, das im Lehrwerk *prima* mit *aufheben, in die Höhe heben* und *wegnehmen* angegeben ist.[215] Die Bedeutungen, welche über die Grundbedeutung *aufheben* hinausgehen, werden in diesem Lehrwerk folgendermaßen kontextuell dargeboten:[216]

Manus ad caelum tollimus.	Wir (er)heben die Hände zum Himmel.
Amicis timorem tollimus.	Wir nehmen den Freunden die Furcht.

Derartige der Grundbedeutung und ihrem Beispielsatz hinzugefügte Präsentationen verdeutlichen, dass eine Bedeutung durch metaphorische Abwandlung je nach Kontext von der Grundbedeutung her abgeleitet werden kann.

XV. Das Lehrwerk nimmt eine klare Unterscheidung zwischen von der Grundbedeutung her erschließbaren Bedeutungsabwandlungen und Polysemie oder Homonymie vor.

Im Gegensatz zu den metaphorischen Abwandlungen der Grundbedeutung, die mithilfe des Kontextes erschließbar sind [→ 2.2.4.1.3], müssen polyseme oder homonyme Bedeutungsunterschiede gelernt werden. Während bei der ersten Variante noch eine Überschneidung mehrerer Merkmale der Konzepte möglich ist, liegen bei der zweiten oftmals verschiedene Konzepte vor. Als Beispiel sei das lateinische Wort *munus* genannt, das sich sowohl auf den Bedeutungsbereich der *Aufgabe* als auch des *Geschenks* beziehen kann. Hier würde es dem Schüler schwer fallen, kontextbedingt von der einen Bedeutung auf die andere bis dato unbekannte zu schließen. Durch eine klare Kenntlichmachung dieser Unterschiede, beispielsweise durch Farben, weiß der Schüler von vornherein, wann ein abweichender Bedeutungsbereich vorliegt, der im Hinterkopf zu behalten ist, und wann eine weitere Bedeutung gelernt werden muss.

XVI. Sind die verschiedenen Bedeutungsangaben über mehrere Lernwortschatzeinheiten verteilt, werden weitere Angaben unter Wiederaufgreifen der bereits bekannten aufgeführt.

---

[215] Vgl. Utz (2004b), S. 15.

[216] A.a.O., S. 104. Diese Präsentation im Kontext wird jedoch erst in Lektion 34

Auf diese Weise werden sowohl retroaktive Interferenzen verhindert, die entstehen können, wenn die neue Bedeutung die alte verdrängt, als auch proaktive, die auf der Dominanz der erstgelernten Bedeutungen beruhen und somit ein Erfassen weiterer Bedeutungen erschweren [→ 2.2.3.2]. Werden beide Bedeutungen nebeneinander präsentiert, wird die alte zum einen wieder in das Bewusstsein gerufen und wiederholt und durch das Nebeneinanderstellen kann der Lerner beide Bedeutungen miteinander verknüpfen, damit auch die neue Eingang ins Gedächtnis findet.

XVII. In den Übersetzungstexten treten die Wörter nur mit den Bedeutungen auf, die den Schülern bekannt oder im Rahmen der gelernten Grundbedeutung ableitbar sind.
Ist die Bedeutung zu weit von der Grundbedeutung [→ 2.2.4.1.3] entfernt, sollten zumindest Hinweise als Übersetzungshilfe geboten werden, um Frustration und eine allzu große Unterbrechung des Übersetzungsvorgangs zu vermeiden. Bei gänzlich unerschließbarer Polysemie wird eine Angabe unter Wiederaufgreifen bereits bekannter deutscher Übertragungen gemacht, um den Bedeutungszusammenhang darzulegen, so wie es auch das vorige Kriterium XVI bei der Einführung neuer Wörter fordert.

4.2.4 Vermittlung semantischer Aspekte

XVIII. Konzepte, die im muttersprachlichen System nicht oder in abweichender Form vorliegen, werden durch Grafiken und/oder ausführliche Beschreibungen eingeführt und unter Markierung möglicher Unterschiede erklärt.
Auf diese Weise können eine Aktivierung unpassender oder nur teilweise adäquater muttersprachlicher Konzepte und eine damit einhergehende Sinnverzerrung zumindest abgeschwächt werden. Bildliche Darstellungen eignen sich besonders für Konkreta, da diese aufgrund des Konkretheitseffekts [→ 2.2.3.1] eine bildliche Kodierung nahelegen.

---

geboten, während die drei Bedeutungsangaben bereits in Lektion 3 auftauchen.

Ein positives Beispiel bieten Hermes und Meusel, indem sie die Konzepte, die sich hinter den Begriffen *rostra* und *rostrum* verbergen, visualisieren.[217] Auf der einen Seite wird eine Rednerbühne gezeigt, auf der anderen Seite ein Teil eines Kriegsschiffes. Überdies zeigt der Bildüberlegenheitseffekt, dass die Behaltensleistung von Bildern höher ist als die schriftlicher Beschreibungen. Daher sollten auch Abstrakta, soweit es möglich ist, bildlich dargestellt und, wenn nötig, durch verbale Erklärungen ergänzt werden. Hier bieten sich des Weiteren schematische Darstellungen an, wie beispielsweise die Skizze der Bedeutungsbereiche des Begriffs *fides* von Hermes und Meusel [→ 2.2.4.1.2] oder die Darstellung des Verbs *contendere* [→ Kriterium II] an.

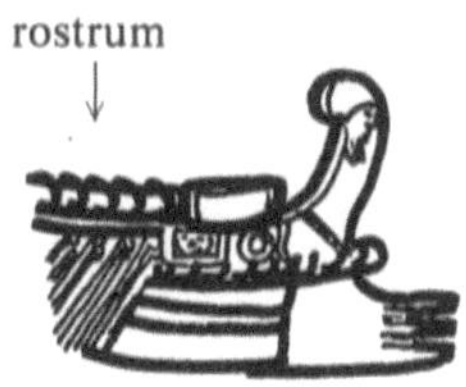

Abbildung 4.4: Darstellung des Begriffs *rostrum*. Daneben findet sich die Abbildung einer Rednerbühne. [Hermes / Meusel (1993), Sachgruppe 78 (Forts.) Politisches Sytem.]

Die scheinbaren Ähnlichkeiten können dabei auf semantischen Gemeinsamkeiten fußen, wie die Konzepte EDERE und ESSEN [→ 2.2.4.1.1] oder PATER FAMILIAS und FAMILIENVATER [→ 2.2.4.1.2] zeigen. Bei sich teilweise überschneidenden Konzepten ist ein interferierender Einfluss des muttersprachlichen Systems viel wahrscheinlicher als bei Konzepten, die nur in der Fremdsprache bestehen, da bei Überschneidungen oder scheinbaren Ähnlichkeiten kein neues Konzept angelegt, sondern das bestehende abgewandelt wird. Ein Beispiel wurde durch die verschiedenen Konzeptionen des Wortes „Familie" [→ 2.2.4.1.2] ge-

217 Hier wird sogar auf eine mögliche morphologische Mehrdeutigkeit aufgrund der Ähnlichkeit der Grapheme hingewiesen, sodass etwaigen Interferenzen vorgebeugt werden kann.

geben. An dieser Stelle kann folglich auch translingual gearbeitet werden, indem weitere bekannte Fremdsprachen in die Überlegungen bezüglich kultureller Differenzen miteinbezogen werden. Eine ausführliche Darstellung dieser Differenzen bietet zum einen eine ausgiebige Elaboration und zum anderen werden so auch die curricularen Forderungen des Kulturvergleichs in Form vom Kontrastierung heutiger und damaliger Vorstellung [→ 1.2] erfüllt.

XIX. Die den Lektionstexten zugrunde liegenden Schemata werden erläutert und die Rollen der Konzepte, die sich hinter den zu lernenden Wörtern verbergen, verdeutlicht.
Um ein Verständnis der im Übersetzungstext vorliegenden Schemata [→ 2.2.4.1.4] zu erleichtern, müssen die Bedeutungen der gelernten Wörter mitsamt ihrer Konzepte innerhalb dieses Schemas deutlich gemacht werden. Zudem werden die Wörter so in einen semantischen Zusammenhang gebracht und ihre Bedeutungen im Kontext diskutiert, wodurch eine tiefere Verarbeitung erfolgen kann. Als Beispiel könnte eine dem Übersetzungstext vorgelagerte muttersprachliche Einführung dienen, in der, soweit dies möglich ist, einige der neuen deutschen Bedeutungsangaben aufgeführt sind, hinter denen in Klammern das entsprechende lateinische Wort steht. Auch eine Infografik [→ 2.2.3.1] bietet die Möglichkeit, Schemata mitsamt ihrer Konzepte darzustellen, wobei hierfür bereits bekannte Konzepte wieder aufgegriffen werden sollten, um neue Verbindungen im mentalen Lexikon zu knüpfen und bereits bestehende zu festigen.

4.2.5 Vermittlung morphosyntaktischer Aspekte

XX. Die verschiedenen Valenzen und Kasuszuweisungen der Wörter sind hinsichtlich aller angegebenen Bedeutungen in je einem Beispielsatz mit deutscher Entsprechung verdeutlicht.
Dies gilt sowohl für Verben und Präpositionen als auch für Substantive und Adjektive. Eine kontextlose Angabe der geforderten Kasus stellt abstraktes Wissen dar, das erst durch einen Kontext Sinn und Anknüpfungspunkte im Gedächtnis erhält, ähnlich wie

die Inhalte der von Braitenberg und Pulvermüller erwähnten Funktionsmorpheme [→ 2.3]. Des Weiteren kann so auch die Wiedererkennungsleistung bei der Rezeption gefördert werden.

Als Beispiel sei hier das Wort *dicere* mit seinen Bedeutungen *sagen* und *nennen* und den Beispielsätzen *Pater servis dicit se non esse contentum* und *Liberi patrem felicem dicunt* [→ 3.3] sowie die Präposition *in* mit den Wortgruppen *in silva* und *in silvam* [→ 3.3] genannt.

XXI. Es werden nur solche Kasuszuweisungen mit Kasusbenennung angegeben, die vom Deutschen abweichen.

Da das fremdsprachliche System zunächst an das muttersprachliche angelehnt wird und sich erst dann im Sinne Jiangs [→ 2.2.4.3] allmählich ablöst und verselbstständigt, müssen Gemeinsamkeiten nicht verdeutlicht werden, da diese bereits als unbewusste Lernhilfe fungieren. Auf abweichende Kasuszuweisungen muss jedoch verwiesen werden, da ansonsten aufgrund der genannten Übernahme des muttersprachlichen Systems Interferenzen entstehen können.

XXII. Einfache oder mehrteilige Konjunktionen werden in einem Satz mit deutscher Entsprechung angegeben.

Auf diese Weise werden alleinstehende Angaben wie „m. Konj." oder „m. Ind." verhindert, die als abstraktes Wissen nur schwer oder gar keinen Anschluss im Gedächtnis finden, wie Braitenberg und Pulvermüller zeigen [→ 2.3]. Durch die Verbindung der jeweiligen Bedeutung mit dem Modus des Verbs kann die Bedeutung gänzlich erfasst und auch in einem textlichen Kontext mit höherer Wahrscheinlichkeit wiedererkannt werden. So führt das Basisvokabular von *adeo Norm* beispielsweise für die Subjunktion *cum* neben den alleinstehenden grammatikalischen Angaben auch Beispielsätze auf, in denen eine mögliche konjunktivische und indikativische Bedeutung aufgezeigt wird:[218]

[218] Utz (2013), S. 36.

Claudia ***cum*** *amicos expectet, gaudet.*	Weil Claudia Freunde erwartet, freut sie sich.
Claudia ***cum*** *amicos expectat, gaudet.*	Immer wenn Claudia Freunde erwartet, freut sie sich.

XXIII. Pronomina werden anfänglich mit einem Bezugswort aufgeführt, wobei beide Wörter auch über zwei oder mehrere Beispielsätze verteilt positioniert sein können. Eine deutsche Entsprechung findet sich auch hier.

Da Pronomina durch Rück- oder Vorverweise zur Herstellung der Textkohärenz beitragen [→ 3.3], wobei zwischen ihnen und ihrem Bezugswort auch mehrere Sätze oder Teilsätze liegen können, ist es wichtig, bereits beim Wortschatzerwerb die Herstellung dieser Relationen zu schulen. Wurde ein Pronomen direkt in Zusammenhang mit seinem Bezugswort erworben, kann es auch leichter im realen Kontext gemeinsam mit diesem erkannt werden.

Eine Darbietung im Kontext und die Kenntlichmachung des Bezugswortes könnten folgendermaßen aussehen:[219]

Quintus, ***qui*** *Flaviam audit, gaudet.*	Quintus, **der** Flavia zuhört, freut sich.

XXIV. Die Funktionen morphologischen Wortwissens wie etwa Genitivendungen oder Stammformen werden bei ihrer erstmaligen Einführung wiederholt in einem Satzkontext mit deutscher Entsprechung deutlich gemacht.

Wie die Valenzen und Kasuszuweisungen stellen auch diese morphologischen Informationen abstraktes Wissen dar, das erst durch Realisierung im Kontext mit Bedeutung versehen wird [→ 2.3]. Haben die Schüler durch wiederholte kontextuelle Präsentation den Inhalt und die Funktion dieser Informationen erfasst, kann eine Darbietung ohne Kontext erfolgen.

So könnte man beispielsweise bei Einführung der Stammformen des Perfekts dessen Funktionen in einem semantischen Kontext anhand von derartigen Beispielsätzen deutlich machen: *Heri perfectum non intellexi* und *Hodie perfectum intellego.*

219 Der Beispielsatz ist der Begleitgrammatik des Lehrwerks *Cursus* entnommen. [Maier / Brenner (2005b), S. 56.]

4.2.6 Vermittlung phonologischer Aspekte

XXV. Neu präsentierte Vokabeln sind mit Quantitätsangaben versehen.

Somit wird zum einen die Anforderung der Lehrpläne erfüllt, die korrekte Aussprache der Wörter im Lateinunterricht zu vermitteln [→ 1.2], und zum anderen besitzen die Quantitäten in der lateinischen Sprache eine distinktive Funktion, sodass sie einen wichtigen Aspekt des Wortwissens darstellen, zu dem auch Nation die phonologischen Eigenschaften eines Wortes zählt [→ 1.1].

XXVI. Der Lernwortschatz liegt nicht nur visuell, sondern auch auditiv vor, wobei auditive und visuelle Reize miteinander gekoppelt sind.

Die auditive Version des Lernwortschatzes kann beispielsweise über das Internet verfügbar gemacht werden. Außer der geforderten korrekten Aussprache und Betonung der Wörter wird auf diese Weise auch eine tiefere Verarbeitung im Sinne des Mehrebenenansatzes von Craik und Tulving erreicht, da auditive Reize tiefer verarbeitet werden als visuelle [→ 2.2.2]. Durch die Verbindung von Lautung und Graphem werden überdies mehrere kortikale Regionen im Gehirn gleichzeitig aktiviert, sodass sich komplexere Aktivierungsmuster ausbilden können, welche die Wiedererkennungsleistung erhöhen. Durch das Anleiten der Schüler, die Wörter auszusprechen, werden diese Aktivierungsmuster noch umfangreicher, da auch der motorische Bereich des Kortex [→ 2.3] in diese eingebunden wird.

4.2.7 Wortschatzübungen

XXVII. Das Lehrwerk enthält Übungen, die eine freie Satz- oder Wortgruppengenerierung fordern, wobei die neuen Vokabeln mitsamt ihren wichtigsten morphosyntaktischen und semantischen Eigenschaften eingebunden werden.

Im Rahmen des mehrsprachigen Lexikons wurde gezeigt, dass durch die Generierung aus den konzeptuellen und grammatikalischen Speichern des fremdsprachlichen mentalen Lexikons im

Zuge der Übersetzung von der Ausgangs- in die Zielsprache eine Ablösung beider Speicher vom ausgangssprachlichen System effektiver erfolgen kann, als wenn nur der Übersetzungsweg von der Ziel- zur Ausgangssprache eingeschlagen wird [→ 2.2.4.3]. Überdies verdeutlichte der Exkurs in die Sprachproduktion aus Sicht der Neurobiologie, dass durch die freie Planung und Realisierung in der Zielsprache die verschiedenen kortikalen Bereiche aktiviert werden und Aktivierungsmuster ausbilden, wenn dies häufig geschieht [→ 2.3]. Da die Aktivierungsmuster bei einer Aktivierung von Teilbereichen im Ganzen „feuern“, profitiert auch ein lediglich rezeptives Sprachbeherrschungsziel von ihrem Auf- und Ausbau.

Eine mögliche Umsetzung könnte durch Übersetzungsaufgaben vom Deutschen ins Lateinische realisiert werden, aber auch gänzlich freie Satzproduktionen sind denkbar, beispielsweise in Form von Fragen, die schriftlich in lateinischer Sprache beantwortet werden sollen.

XXVIII. Die Schüler werden dazu aufgefordert, semantische und grammatikalische Bezüge innerhalb des Lernwortschatzes herzustellen.

Als Beispiel sei die Zuordnung bestimmter Wörter zu Wortfeldern, Wortfamilien oder Wortbildungsklassen genannt oder das Ausfindigmachen häufig auftretender Kollokationen.[220] Auf diese Weise werden die semantischen und grammatikalischen Verbindungen im mentalen Lexikon gestärkt und es entsteht ein höherer Ordnungsgrad durch Elaboration im Sinne Mietzels [→ 2.2.3.2], sodass möglichen Interferenzen vorgebeugt werden kann. Hierbei ist es wichtig, dass die Schüler mit dem Aufbau derartiger Zuordnungen schon vertraut sind, beispielsweise durch Präsentationen innerhalb der Lernwortschatzeinheiten.

220 Im letzten Fall böte sich auch die Arbeit mit Textdatenbanken an. Ein Beispiel für eine Wortfeld-Zuordnung findet sich in dem Lehrwerk *prima*. Hier werden Wörter wie *arma, poeta, aqua, mater, sacrum, taberna, deus, thermae, liber, hostis, pater* etc. vorgegeben, begleitet von der Aufgabenstellung „Führe jeweils drei Begriffe zu einem Wortfeld zusammen und gib jedem Wortfeld eine passende Überschrift“. [Vgl. Utz (2004a), S. 70.]

Als mögliche Vorbilder können Darstellungen wie die bereits aufgeführte Wortfamilie von *regere* [→ 2.2.4.2.3] oder die Hyponyme von *arma* [→ Kriterium X] dienen .

XXIX. Die Schüler werden dazu aufgefordert, semantische und grammatikalische Bezüge zwischen lateinischem Lernwortschatz und Wörtern der Muttersprache oder weiteren bekannten Fremdsprachen herzustellen.

Diese Übungen dienen der Bewusstmachung und Festigung interlingualer Netzwerke [→ 2.2.4.3] und die Schüler lernen, auch bereits vorhandenes Wissen weiterer Sprachen als Lernhilfe und Anknüpfungspunkte zu nutzen. Somit kann wechselseitig zum einen bereits bestehendes syntaktisches und semantisches Wissen genutzt werden, um eine Aneignung neuer Inhalte zu erleichtern, da somit nicht alles neu gelernt werden muss, und zum anderen wird aufgrund der Festigung translingualer Kompetenzen im Umkehrschluss eine Erleichterung beim Erwerb weiterer Fremdsprachen durch Rückgriff auf „lateinisches Wissen" geboten.

Ein positives Beispiel für einen derartigen Sprachvergleich bietet der Textband des Lehrwerks *prima.nova*, hier auf grammatikalischer Ebene zum Thema Komparation, wie in Abbildung 4.5 zu sehen ist.

F Sprachen vergleichen

Welche zwei Methoden, bei Adjektiven die Steigerung zu signalisieren, kannst du unterscheiden?

Lateinisch:	longus	longior	longissimus
Deutsch:	*lang*	*länger*	*der längste*
Englisch:	*long*	*longer*	*the longest*
Französisch:	*long*	*plus[1] long*	*le plus[1] long*
Italienisch:	*lungo*	*più[2] lungo*	*il più[2] lungo*

1 lat./frz. plus ~ mehr – 2 it. più ~ mehr

Abbildung 4.5: Komparation im Vergleich. [Utz / Kammerer (2011 a), S. 162.]

5 Fazit

Im Zuge dieser Auseinandersetzung mit der Wortschatzarbeit sollte ein tiefergehendes Verständnis der mentalen Vorgänge im Rahmen der Aneignung von Wortschatz errreicht werden. Für den Lateinunterricht mit seiner Zielsetzung der Rezeption antiker Texte wurde in der Einleitung das Bestreben einer Betrachtung geäußert, welche die Erkenntnisse der Lernbiologie und der Kognitionswissenschaften auf die Bereiche hin untersucht, die im Rahmen einer weitestgehend rezeptiven Auseinandersetzung mit Sprache Anwendung finden. Allerdings stellte sich heraus, dass auch für den Lateinunterricht mit seinem rezeptiven Fokus ein ähnlicher Weg in der Wortschatzarbeit einzuschlagen ist wie bei den modernen Fremdsprachen. Die Nutzung von Bildern, die Beachtung des Selbstbezugseffekts oder die Herstellung von Sprach- und Kulturvergleich erweisen sich als ebenso wichtig für die Übersetzung wie die freie Generierung lateinischer Sätze oder die Verschmelzung von Grammatik- und Wortschatzaneignung.

Konkret bedeutet dies, dass eine Präsentation des Lernwortschatzes in Listen, die von bildlich beschreibenden Ergänzungen und Beispielsätzen zu jedem Wort absehen und die immer noch in vielen Lehrwerken (auch für die modernen Fremdsprachen) anzufinden sind, überdacht werden muss. Es wurde deutlich, welche Gewichtung diesen Beispielsätzen sowohl hinsichtlich des semantischen als auch des grammatikalischen Wortwissens zukommt. Auch eine intensivere Auseinandersetzung mit den Konzepten, die sich hinter den einzelnen Wörtern verbergen, sowie mit ihren konkreten Rollen in den Schemata, die den Übersetzungstexten zugrunde liegen, ist ein weiterer Schritt, der mit Blick auf eine gehirngerechte Bedeutungsaneignung getätigt werden sollte.

Allerdings wurde auch gezeigt, dass eine Auflistung der Wörter nach ihrem Vorkommen im Text, die von vielen Lehrwerken betrieben wird, mit einer sinnvollen Gliederung des Lernwortschatzes hinsichtlich einer dem mentalen Lexikon entsprechenden semantischen Ordnung sowie mit der Beachtung des Ranschburg-Phänomens oder der Nutzung des Positionseffekts kollidiert. Eine am Lektionstext orientierte Gliederung, die sicherlich auch Vorteile bietet, muss folglich überdacht werden.

Weiterhin ist zu bedenken, dass die Präsentation des Wortschatzes unter Berücksichtigung aller hier entwickelten Kriterien einen sehr viel größeren Platz in den Lehrwerken einnehmen muss als bisher. Auch wenn die Konzipierung einer derartig intensiven und detaillierten Darbietung einen erhöhten Arbeitsaufwand bedeutet, würde sie sich jedoch in jedem Fall als überaus lohnenswert erweisen, da mit ihr von vornherein eine tiefere Verankerung der Wörter im Gedächtnis und auch ein tieferes semantisches und morphosyntaktisches Verständnis einhergehen. Letztendlich trägt sie so im Zuge der angestrebten Textrezeption dazu bei, dass Stolpersteine in Form von fehlenden Wortbedeutungen reduziert und der Fokus wieder auf den Übersetzungsvorgang an sich und auf die Inhalte der antiken Texte gelenkt werden kann.

Literaturverzeichnis

Forschungsliteratur

Aitchison, Jean (1997): Wörter in Kopf. Eine Einführung in das mentale Lexikon. Aus dem Englischen von Martina Wiese. Tübingen: Niemeyer (*Konzepte der Sprach- und Literaturwissenschaft*; Bd. 56).

Albrecht, Jörn (2005): Übersetzung und Linguistik. Tübingen: Narr (*Narr-Studienbücher: Grundlagen der Übersetzungsforschung*; Bd. 2).

Atkinson, Richard C. / Shiffrin, Richard M. (1968): Human memory: A proposed system and its control processes. In: Spence, Kenneth W. / Spence, Janet Taylor (Hgg.): The psychology of learning and motivation. Advances in research and theory. Volume 2. New York [u.a]: Academic Press. S. 89–195.

Bachmann-Stein, Andrea (2011): B3 Theoretische Grundlagen: Semantik. In: Pohl, Inge / Ulrich, Winfried (Hgg.): Wortschatzarbeit. Baltmannsweiler: Schneider Hohengehren (*Deutschunterricht in Theorie und Praxis: DTP; Handbuch zur Didaktik der deutschen Sprache und Literatur in elf Bänden*; Bd. 7). S. 54–73.

Börner, Wolfgang (2000): Didaktik und Methodik der Wortschatzarbeit: Bestandsaufnahme und Perspektiven. In: Kühn, Peter (Hg.): Wortschatzarbeit in der Diskussion. Hildesheim [u.a.]: Olms (*Studien zu Deutsch als Fremdsprache*; Bd. 5 / *Germanistische Linguistik*; Bd. 155 / 156). S. 29–56.

Bower, Gordon H. (1972): Mental Imagery and Associative Learning. In: Gregg, Lee W. (Hg.): Cognition in learning and memory. New York [u.a.]: Wiley (*The fifth of an annual series of symposia in the area of cognition*; vol. 5). S. 51–88.

Braitenberg, Valentino / Pulvermüller, Friedemann (1992): Entwurf einer neurologischen Theorie der Sprache. In: *Naturwissenschaften* 79.3. S. 103–117.

Breitenstein, Caterina (2012): Lernen aus neurowissenschaftlicher Sicht: Von der Assoziation zur Kognition. In: *Diskurs Kindheits- und Jugendforschung* 7.4. S. 405–418.

Brown, Roger / McNeill, David (1966): The „Tip of the Tongue" Phenomenon. In: *Journal of Verbal Learning and Verbal Behavior* 5.4. S. 325–337.

Chase, William G. / Simon, Herbert A. (1973): Perception in Chess. In: *Cognitive Psychology* 4.1. S. 55–81.

Clark, James M. / Paivio, Allan (1991): Dual Coding Theory and Education. In: *Educational Psychology Review* 3.3. S. 149–210.

Collins, Allan M. / Loftus, Elizabeth F. (1975): A Spreading-Activation Theory of Semantic Processing. In: *Psychological Review* 82.6. S. 407–428.

Collins, Allan M. / Quillian, M. Ross (1969): Retrieval Time from Semantic Memory. In: *Journal of Verbal Learning and Verbal Behavior* 8.2. S. 240–247.

Comenius, Johann Amos (1958): Orbis sensualium pictus quadrilinguis. Hoc est omnium fundamentalium in mundo rerum et in vita actionum pictura et nomenclatura. Nachdr. der ersten viersprachigen Ausgabe von 1685. Praze [u.a.]: Statni Pedag. Nakl.

Costa, Sara (2010): Fremde Texte – fremde Wörter: Prozesse und Strategien bei Verstehensblockaden. Frankfurt am Main [u.a.]: Lang (*Deutsche Sprachwissenschaft international*; Bd. 8).

Craik, Fergus I. M. / Lockhart, Robert S. (1972): Levels of Processing: A Framework for Memory Research. In: *Journal of Verbal Learning and Verbal Behavior* 11.6. S. 671–684.

Craik, Fergus I. M. / Tulving, Endel (1975): Depth of Processing and the Retention of Words in Episodic Memory. In: *Journal of Experimental Psychology* 104.3. S. 268–294.

Dell, Gary S. (1986): A Spreading-Activation Theory of Retrieval in Sentence Production. In: *Psychological Review* 93.3. S. 283–321.

Dijkstra, Ton / Kempen, Gerard (1993): Einführung in die Psycholinguistik. Aus dem Niederländischen übersetzt von Yves H. W. Fuchs. Bern [u.a.]: Huber (*Huber-Psychologie-Lehrbuch*).

Dörner, Dietrich (1996): Gedächtnis. In: Dörner, Dietrich / Selg, Herbert (Hgg.): Psychologie. Eine Einführung in ihre Grundlagen und Anwendungsfelder. 2., überarb. und erw. Auflage. Stuttgart [u.a.]: Kohlhammer. S. 161–176.

Ender, Andrea (2007): Wortschatzerwerb und Strategieneinsatz bei mehrsprachigen Lernenden: Aktivierung von Wissen und erfolgreiche Verknüpfung beim Lesen auf Verständnis in einer Fremdsprache. Baltmannsweiler: Schneider-Verlag Hohengehren (*Mehrsprachigkeit und multiples Sprachenlernen*; Bd. 4).

Engelkamp, Johannes (1998): Gedächtnis für Bilder. In: Sachs-Hombach, Klaus / Rehkämper, Klaus (Hgg.): Bild – Bildwahrnehmung – Bildverarbeitung. Interdisziplinäre Beiträge zur Bildwissenschaft. Wiesbaden: Dt. Universitäts-Verlag (*Studien zur Kognitionswissenschaft*). S. 227–242.

Engelkamp, Johannes / Zimmer, Hubert D. (2006): Lehrbuch der kognitiven Psychologie. Göttingen [u.a.]: Hogrefe.

Fink, Gerhard / Maier, Friedrich (1996): Konkrete Fachdidaktik Latein – L2. München: Oldenbourg.

Freund, Stefan / Schröttel, Wolfram (2003): Non quot, sed qualia – Wortstatistische Überlegungen zum Ausgangscorpus einer lateinischen Wortkunde. In: *Forum Classicum* XX. S. 200–205.

Grande, Marion (2004): Wortformen und Konzepte im mentalen Lexikon. Eine fMRT-Studie zur Einzelwortverarbeitung bei Sprachgesunden sowie zur Rückbildung nach Aphasie. Universität Aachen (Diss.).
Unter: http://d-nb.info/974672629/34 [letzter Zugriff: 26.09. 2013].

Hasselhorn, Marcus / Gold, Andreas (2013): Pädagogische Psychologie. Erfolgreiches Lernen und Lehren. 3., vollst. überarb. und erw. Auflage. Stuttgart: Kohlhammer (*Standards Psychologie*).

Hermes, Eberhard (1967): Von der Gliederung des lateinischen Wortschatzes. In: *Der Altsprachliche Unterricht* 10.4. S. 1–30.

Hermes, Eberhard (1988): Wortschatz und Grammatik bei der Texterschließung. In: *Der Altsprachliche Unterricht* 31.6. S. 55–78.

Hoffmann, Joachim / Engelkamp, Johannes (2013): Lern- und Gedächtnispsychologie. Berlin [u.a.]: Imprint: Springer (*Springer-Lehrbuch*).

Jiang, Nan (2000): Lexical Representation and Development in a Second Language. In: *Applied Linguistics* 21.1. S. 47–77.

Kelter, Stephanie (2003): Mentale Modele. In: Rickheit, Gert / Herrmann, Theo / Deutsch, Werner (Hgg.): Psycholinguistik. Ein internationales Handbuch. Berlin [u.a.]: de Gruyter (*Handbücher zur Sprach- und Kommunikationswissenschaft*; Bd. 24). S. 505–517.

Kienpointner, Manfred (2010): Latein – Deutsch kontrastiv. Vom Phonem zum Text. Tübingen: Groos (*Deutsch im Kontrast*; Bd. 23).

Knapp-Potthoff, Annelie (2000): Vokabeln im Kopf. In: Riemer, Claudia (Hg.): Kognitive Aspekte des Lehrens und Lernens von Fremdsprachen. Festschrift für Willis J. Edmondson zum 60. Geburtstag. Tübingen: Narr. S. 293–307.

Knobloch, Clemens / Schaeder, Burkhard (2010): Kriterien für die Definition von Wortarten. In: Booij, Geert / Lehmann, Christian / Mugdan, Joachim (Hgg.): Handbücher zur Sprach- und Kommunikationswissenschaft. Band 17: Morphologie. Ein internationales Handbuch zur Flexion und Wortbildung. 1. Halbband. Berlin [u.a.]: de Gruyter. S. 674–692.

Königs, Frank G. (1986): Der Vorgang des Übersetzens: Theoretische Modelle und praktischer Vollzug. In: *Lebende Sprachen* 31.1. S. 5–12.

Königs, Frank G. (2000): Wortschatzarbeit rezeptiv – produktiv? In: Kühn, Peter (Hg.): Wortschatzarbeit in der Diskussion. Hildesheim [u.a.]: Olms (*Studien zu Deutsch als Fremdsprache*; Bd. 5 / *Germanistische Linguistik*; Bd. 155 / 156). S. 125–148.

Kracke, Arthur (1952): Übersetzen oder Verstehen? In: *Der Altsprachliche Unterricht* 1.3. S. 54–69.

Kroll, Judith F. / Stewart, Erika (1994): Category Interference in Translation and Picture Naming: Evidence for Asymmetric Connections between Bilingual Memory Representations. In: *Journal of Memory and Language* 33.2. S. 149–174.

Kubik, Christine (1989): Wörterlernen mit dem Lateinbuch – Probleme und Möglichkeiten. In: *Der Altsprachliche Unterricht* 32.5. S. 61–72.

Kuhlmann, Peter (2009): Fachdidaktik Latein kompakt. Göttingen: Vandenhoeck & Ruprecht.

Kuhlmann, Peter (2011): Grammatikmodelle und Sprachunterricht. Synergie-Effekte zwischen Latein und modernen Fremdsprachen: Konzeptionelle Überlegungen und empirische Befunde. In: *Forum Schule* 58. S. 115–133.

Kuhlmann, Peter (2012): Das Verhältnis von Vokabel- und Grammatikwissen bei der Textarbeit. In: *Forum Schule* 59. S. 99–110.

Kußmaul, Paul (2010): Verstehen und Übersetzen. Ein Lehr- und Arbeitsbuch. 2., akt. Auflage. Tübingen: Narr (*Narr-Studienbücher*).

Labov, William (1974): The boundaries of words and their meanings. In: Bailey, Charles-James N. / Shuy, Roger W. (Hgg.): New Ways of Analyzing Variation in English. Washington: Georgetown University Press. S. 340–373.

Lang, Wilhelm (1968): Der Durchschnittslateiner und der hermeneutische Zirkel. In: *Der Altsprachliche Unterricht* 11.3. S. 41–63.

Legutko-Marszałek, Iwona (2011): Übersetzung als komplexer kognitiv basierter Prozess. In: *Glottodidactica* 38. S. 63–71.
Unter: https://repozytorium.amu.edu.pl/jspui/bitstream/10593/2766/1/legutko.pdf [letzter Zugriff: 16.10.2013].

Lukesch, Helmut (2001): Psychologie des Lernens und Lehrens. Regensburg: Roderer (*Psychologie in der Lehrerausbildung*; Bd. 2).

Lutjeharms, Madeline (2003): Die Rolle der Übersetzung in die Ausgangssprache für den Wortschatzerwerb in der Fremdsprache. In: *Zeitschrift für Interkulturellen Fremdsprachenunterricht [Online]* 8.2–3. S. 128–139.
Unter: http://zif.spz.tu-darmstadt.de/jg-08-2-3/docs/lutjeharms.pdf [letzter Zugriff: 05.11.2013].

Meißner, Franz-Joseph (1999): Das mentale Lexikon aus der Sicht der Mehrsprachigkeitsdidaktik. In: *Grenzgänge* 6.12. S. 62–80.
Unter: http://hrza1.hrz.uni-giessen.de/romanistik/Online_

Version/Files/Lesetexte/grenzgaenge.pdf [letzter Zugriff: 26.10.2013].

Melka, Francine (1997): Receptive vs. productive aspects of vocabulary. In: Schmitt, Norbert/McCarthy, Michael (Hgg.): Vocabulary: Description, Acquisition and Pedagogy. Cambridge [u.a.]: Cambridge Univ. Press (*Cambridge langugage teaching library*). S. 84–102.

Menge, Hermann (2000): Lehrbuch der lateinischen Syntax und Semantik. Völlig neu bearb. von Thorsten Burkard und Markus Schauer. Darmstadt: Wiss. Buchgesellschaft. [Menge/Burkard/Schauer 2000]

Mietzel, Gerd (2006): Wege in die Psychologie. 13., völlig überarb. und erw. Auflage. Stuttgart: Klett-Cotta.

Mietzel, Gerd (2007): Pädagogische Psychologie des Lernens und Lehrens. 8., überarb. und erw. Auflage. Göttingen [u.a.]: Hogrefe.

Miller, George A. (1956): The Magical Number Seven, plus or minus two: Some Limits on our Capacity for Processing Information. In: *The Psychological Review* 63.2. S. 81–97.

Möhle, Dorothea (1994): Deklaratives und prozedurales Wissen in der Repräsentation des mentalen Lexikons. In: Börner, Wolfgang/Vogel, Klaus (Hgg.): Kognitive Linguistik und Fremdsprachenerwerb: Das mentale Lexikon. Tübingen: Narr (*Tübinger Beiträge zur Linguistik*; Bd. 375). S. 39–49.

Nation, I. S. Paul (1990): Teaching and learning vocabulary. New York: Newbury House Publishers.

Neisser, Ulric (1974): Kognitive Psychologie. Stuttgart: Klett (*Konzepte der Humanwissenschaften*).

Nelson, Thomas O. (1971): Savings and Forgetting from Long-Term Memory. In: *Journal of Verbal Learning and Verbal Behavior* 10.5. S. 568–576.

Pavlenko, Aneta (2009): Conceptual Representation in the Bilingual Lexicon and Second Language Vocabulary Learning. In: Pavlenko, Aneta (Hg.): The Bilingual Mental Lexicon. Interdisciplinary Approaches. Bristol [u.a.]: Multilingual Matters (*Bilingual Education and Bilingualism;* vol. 70). S. 125–160.

Pinkster, Harm (1988): Lateinische Syntax und Semantik. Rev. u. erw. Fassung. Tübingen: Francke (*Uni-Taschenbücher*; Bd. 1462).

Pulvermüller, Friedemann / Mohr, Bettina (1996): The Concept of Transcortical Cell Assemblies: a Key to the Understanding of Cortical Lateralization and Interhemispheric Interaction. In: *Neuroscience and Biobehavioral Reviews* 20.4. S. 557–566.

Raab, Konrad (1979): Wortschatz und Wortkunde. In: Gruber, Joachim / Maier, Friedrich (Hgg.): Alte Sprachen 1. München: Oldenbourg. S. 241–249.

Ranschburg, Paul (1911): Das kranke Gedächtnis. Ergebnisse und Methoden der experimentellen Erforschung der alltäglichen Falschleistungen und der Pathologie des Gedächtnisses. Leipzig: Barth.

Rickheit, Gert / Strohner, Hans (1993): Grundlagen der kongnitiven Sprachverarbeitung. Modelle, Methoden, Ergebnisse. Tübingen [u.a.]: Francke (*Uni-Taschenbücher*; Bd. 1735).

Rosch, Eleanor (1975): Cognitive Representations of Semantic Categories. In: *Journal of Experimental Psychology* 104.3. S. 192–233.

Scherfer, Peter (1994): Überlegungen zu einer Theorie des Vokabellernens und -lehrens. In: Börner, Wolfgang / Vogel, Klaus (Hgg.): Kognitive Linguistik und Fremdsprachenerwerb: Das mentale Lexikon. Tübingen: Narr (*Tübinger Beiträge zur Linguistik*; Bd. 375). S. 185–215.

Schermer, Franz J. (2006): Lernen und Gedächtnis. 4., überarb. und erw. Auflage. Stuttgart: Kohlhammer (*Grundriss der Psychologie*; Bd. 10).

Schmidt, Kurt (1962): Psychologische Voraussetzungen des Übersetzungsvorganges. In: *Der Altsprachliche Unterricht* 6.1. S. 5–50.

Schmidt, Kurt (1968): Mehrdeutigkeit und Determination. Zur Problematik des Verstehens lateinischer Texte. In: *Der Altsprachliche Unterricht* 11.2. S. 68–98.

Schmitt, Norbert (2000): Vocabulary in Language Teaching. Cambridge [u.a.]: Cambridge University Press.

Schwarz, Monika (2008): Einführung in die Kognitive Linguistik. 3., vollst. überarb. und erw. Auflage. Tübingen [u.a.]: Francke (*Uni-Taschenbücher*; Bd. 1636).

Seel, Norbert M. (2003): Psychologie des Lernens. Lehrbuch für Pädagogen und Psychologen. 2., akt. und erw. Auflage. München [u.a.]: Reinhardt (*Uni-Taschenbücher*; Bd. 8198).

Siepmann, Dirk (2007): Wortschatz und Grammatik: zusammenbringen, was zusammengehört. In: *Beiträge zur Fremdsprachenvermittlung* 46. S. 59–80.

Steinbach, Markus (2007): Semantik. In: Meibauer, Jörg et al. (Hgg.): Einführung in die germanistische Linguistik. 2., akt. Auflage. Stuttgart [u.a.]: Metzler. S. 163–209.

Steinthal, Hermann (1971): Zum Aufbau des Wortschatzes im Lateinunterricht. In: *Der Altsprachliche Unterricht* 14.2. S. 20–50.

Stirnemann, Stefan (2009): „Zu scharfe Ränder". Vom Umgang mit Wortschatz und Wörterbuch. In: *Der Altsprachliche Unterricht* 52.6. S. 38–44.

Straka, Gerald A. / Macke, Gerd (1979): Lehren und Lernen in der Schule. Eine Einführung in Lehr-Lern-Theorien. Stuttgart [u.a.]: Kohlhammer.

Utz, Clement (2000): Mutter Latein und ihre Schüler – Überlegungen zum Umfang und Aufbau des Wortschatzes. In: Neukam, Peter (Hg.): Antike Literatur – Mensch, Sprache, Welt. München: Bayer (*Dialog Klassische Sprachen und Literaturen*; Bd. 34). S. 146–172.

Waiblinger, Franz P. (2001): Vorschläge zu einem neuen Konzept des Sprachunterrichts auf der Grundlage psycholinguistischer Erkenntnisse. In: *Forum Classicum* 44.3. S. 160–167.

Weddingen, Klaus (1988): Thema und Rhema. Überlegungen zu einer Methode der Texterfahrung. In: *Der Altsprachliche Unterricht* 31.6. S. 7–28.

Weidenmann, Bernd (1998): Psychologische Ansätze zur Optimierung des Wissenserwerbs mit Bildern. In: Sachs-Hombach, Klaus / Rehkämper, Klaus (Hgg.): Bild – Bildwahrnehmung – Bildverarbeitung. Interdisziplinäre Beiträge zur Bildwissenschaft. Wiesbaden: DUV, Dt. Universitäts-Verlag (*Studien zur Kognitionswissenschaft*). S. 243–253.

Wittgenstein, Ludwig (1967): Philosophical Investigations. Translated by G. E. M. Anscombe. Oxford: Blackwell.

Lehrpläne und Curricula

Bildungsplan Gymnasium Sekundarstufe I. Alte Sprachen, hg. v. Behörde für Schule und Berufsbildung Freie und Hansestadt Hamburg Hamburg 2011. [LP Alte Sprachen HH 2011]

Lehrplan Latein. Gymnasialer Bildungsgang. Jahrgangsstufe 5G bis 9G und gymnasiale Oberstufe, hg. v. Hessischen Kultusministerium, o. O. 2010 [LP Latein HE 2010]

Rahmenlehrplan für die Sekundarstufe I. Jahrgangsstufe 7–10. Latein, hg. v. Ministerium für Bildung, Jugend und Sport des Landes Brandenburg, o. O. 2008 [LP Latein BB 2008]

Achtjähriges Gymnasium. Lehrplan für das Fach Latein, hg. v. Ministerium für Bildung, Kultur und Wissenschaft des Saarland, Saarbrücken 2002. [LP Latein Saarland 2002]

Lehrplan Latein. Sekundarstufe I, hg. v. Ministerium für Bildung, Wissenschaft, Jugend und Kultur Rheinland-Pfalz, o. O. 2009 [LP Latein RP 2011]

Lehrplan für die Sekundarstufe I der weiterführenden allgemeinbildenden Schulen. Gymnasium, Gesamtschule. Latein, hg. v. Ministerium für Bildung, Wissenschaft, Forschung und Kultur des Landes Schleswig-Holstein, o. O. 1997 [LP Latein SH 1997]

Bildungsstandards für Latein (2. Fremdsprache). Gymnasium. Klassen 6, 8, 10, Kursstufe, hg. v. Ministerium für Kultus, Jugend und Sport Baden-Württemberg, o. O. 2004 [BS Latein BW 2004]

Kernlehrplan für das Gymnasium – Sekundarstufe I in Nordrhein-Westfalen, hg. v. Ministerium für Schule und Weiterbildung des Landes Nordrhein-Westfalen, Düsseldorf: Ritterbach Verlag 2008. [Kernlehrplan NRW 2008]

Kerncurriculum für das Gymnasium. Schuljahrgänge 5–10. Latein, hg. v. Niedersächsischen Kultusministerium, o. O. 2011 [KC NI 2011]

Lehrplan Gymnasium. Latein, hg. v. Sächsischen Staatsministerium für Kultus und Sport, Dresden: Saxoprint GmbH 2011. [LP Latein Sachsen 2011]

Fachprofil Latein, hg. v. Staatsinstitut für Schulqualität und Bildungsforschung München, o. O. 2004.
Unter: http://www.isb-gym8-lehrplan.de/contentserv/3.1.neu/g8.de/index.php?StoryID=26362 [letzter Zugriff: 29.10.2013]. [Fachprofil Latein BY 2011]

Lehrplan für den Erwerb der allgemeinen Hochschulreife. Latein, hg. v. Thüringer Ministerium für Bildung, Wissenschaft und Kultur, o. O. 2011 [LP Latein Thüringen 2011]

Lehrwerke und Wortkunden

Hermes, Eberhard / Meusel, Horst (1993): Grundwortschatz Latein nach Sachgruppen. Stuttgart [u.a.]: Klett Schulbuchverlag (*Vademecum*).

Maier, Friedrich / Brenner, Stephan (Hgg.) (2005a): Cursus, Ausgabe A. Einbändiges Unterrichtswerk für Latein. Texte und Übungen. München [u.a.]: Oldenbourg [u.a].

Maier, Friedrich / Brenner, Stephan (Hgg.) (2005b): Cursus, Ausgabe A. Einbändiges Unterrichtswerk für Latein. Begleitgrammatik. München [u.a.]: Oldenbourg [u.a].

Utz, Clement (Hg.) (2004): prima. Gesamtkurs Latein. Ausgabe A. Begleitband. Bamberg: Buchner [u.a.].

Utz, Clement / Kammerer, Andrea (Hgg.) (2011a): prima.nova. Latein lernen. Teil 1: Textband. Bamberg: Buchner.

Utz, Clement / Kammerer, Andrea (Hrsgg.) (2011b): prima.nova. Latein lernen. Teil 2: Begleitband. Bamberg: Buchner.

Utz, Clement (Hg.) (2013): adeo-Norm. Das lateinische Basisvokabular. Mit Lernhilfen. Bamberg: Buchner.

Westphalen, Klaus / Utz, Clement / Nickel, Rainer (Hgg.) (1995a): Felix. Das Lateinbuch. Ausgabe A. Bamberg: Buchner.

Westphalen, Klaus / Utz, Clement / Nickel, Rainer (Hgg.) (1995b): Felix. Das Begleitbuch. Ausgabe A. Bamberg: Buchner.

Werkausgaben

Q. Horati Flacci Opera, edidit D. R. Shackleton Bailey. Stutgardiae: Teubner 1985. (*Bibliotheca scriptorum Graecorum et Romanorum Teubneriana*). [Shackleton Bailey 1985]

Abbildungsverzeichnis

Sachregister

Zur Autorin

Mirjam Daum hat Latein und Deutsch an der Universität Marburg studiert und bildet sich nun dort im Masterstudiengang Deutsch als Fremdsprache weiter. Im Rahmen ihres Studiums hat sie sich mit alternativen Lehr- und Lernmethoden befasst und erste Praxiserfahrungen im Lateinunterricht gesammelt. Diese Erfahrungen und Begegnungen mit Lateinlehrern und -schülern gaben ihr Anregungen zu einer tiefergehenden Auseinandersetzung mit der Frage, wie Wortschatz im Lateinunterricht effektiver und schülergerechter vermittelt werden kann.

Ars Didactica – Marburger Beiträge zu Studium und Didaktik der Alten Sprachen

www.uni-marburg.de/fb10/klassphil/seminar/arsdidactica

1 Magnus Frisch (Hg.), Alte Sprachen – neuer Unterricht, Speyer 2015.

2 Mirjam Daum, Wortschatz und Lehrbuch – Ein Kriterienkatalog für die Wortschatzkonzeption in Lateinlehrwerken, Speyer 2016.

Folgende Bände sind in Vorbereitung:

3 Rainer Nickel, Übersetzen und Übersetzung. Anregungen zur Reflexion des Übersetzens im altsprachlichen Unterricht, Speyer 2016.

4 Magnus Frisch (Hg.), Metrik im altsprachlichen Unterricht, Speyer 2016.

Weitere Bände sind geplant.